梭哈，換一輩子的幸福

單親母子的韓國勇氣與成長之旅

盧妍菲 Lucy

目錄

第三章　極地考驗

第四章　找回家的路

後記

當生命的存在不再理所當然，你要怎麼活自己的人生？

作者妍菲自嘲：「狗血般的劇情是真實人生」，經歷離婚、腫瘤手術等重大挑戰，讓她決定用倒數計時的方式面對接下來的每一天。誠如她所言，「大家面臨的課題不盡相同，最重要的是面對困難時的心態」，當橫亙眼前的危機倏地打破慣性思考，跳脫束縛的靈魂才有機會看見「我是誰？」，甚至重新定義自己。

因此我們看到，妍菲張開慧眼審視過去，發現自己是因為「渴望被照顧、害怕獨處」而太快步入婚姻；也升起「反骨的我總覺得自己可以掌握一切，失敗的婚姻證明我選擇失誤」的反思。當她體會到隱忍只會「陷入自我懷疑的黑洞中，病態地轉而認同暴力，讓創傷無止盡輪迴」，她果斷求去，並挺身爭取孩子的監護權；經歷死亡的威脅後，更琢磨出「在有限的生命中，如果想要留下什麼給小孩，那就是勇氣！」這番心路歷程，為母子倆闖蕩韓國之旅揭開序幕。

細細品味妍菲的故事，可以發現她在跌跌撞撞中，逐漸展現出三個有利於開創人生的特質。第一，她擁有足夠的「自信心」，容許自己承認錯誤，所以不必委曲求全；第二，她啟動接受現實的「開放性」，因此面對過去不糾結、專注當下不慌亂，能化危機為轉機；第三，她找到面對未知的「無畏力」，當她說出：「信念可以帶你去更遠的遠方，一無所有才是最強大的時候」，讀者透過字句都能受到鼓舞與震撼！

我曾訪問超過兩百位成就非凡的人物，最常聽到的其中一句話是：「如果不是遇到那樣的考驗，我不會成為今天的自己，這是上天給的禮物。」人往往被逼到絕境，才能釐清存在的意義、才懂珍惜擁有的一切，這是困而學之；好消息是，其實不必親自涉險，別人用生命淬鍊的禮物，我們也可以用同樣恭敬的態度收下，拿來鍛造自己的心性。

妍菲說的這句話，我也還在體會：「從未真正察覺自己迷失的人，無法找到自己，也無法遇見生命的真實。」也許只要讀懂這一句，領悟唯一的障礙是自己，困難只在心中那一關，我們前方的道路都將豁然開朗！也許梭哈其實不是梭哈，幸福其實無須交換，所有失去，都是獲得。

哈遠儀　中視新聞主播暨知名主持人

光是一個人出國，都有很多文化差異要適應，更何況帶著一位三歲小孩。Lucy 所體驗到的韓國非常不同，除了大家熟知的學校生活之外，還有中華餐廳、東大門批發市場的工作，更難的是要安頓小孩的幼稚園，以及小孩發高燒送急診的驚險過程。

自助者天助之，我想就是在形容 Lucy。不管有沒有要來韓國，這是本值得一看的真實記錄！

Fion　YouTuber/作家

一開始看試閱版的《梭哈，換一輩子的幸福》時，就無法停止看下去。

就好像在看「九把刀」的小說一樣，總想知道故事的結局是什麼。究竟是什麼樣的刺激，讓一位一般人心目中的小女生，可以在失婚後戰勝病魔，獨自攜帶幼兒勇闖異國，展開一連串求學謀生的驚奇旅程，讓我們在出書後繼續看下去！

柯毓彬　明功藥局 資深藥師

不只是遊記，而是心靈歷練的旅程。

帶著重大傷病及一個小孩的單親媽媽到異國求學的經歷本身就是一門學問，說服家人及感動貴人相助也不是教科書可以學到的。追求理想曙光加上縝密的心思，樂觀進取平心面對各種突發挑戰的態度，讓讀者成為隱身隊友，跟著作者 Lucy 梭哈一把。知性加上感性讓讀者欲罷不能，也無形中充實了知識和意志力，值得細細品嚐。

蔡志宏 醫師　台灣水資源保育聯盟 理事長

很真心也很勇敢的真實故事。同樣是罹癌者，同樣是國外生活的旅人，也同樣是文字創作者，我在裡面找到共鳴，找到勇氣。

陳郁如　奇幻小說、旅遊散文作家

名人推薦

陳安儀
人氣親子部落客

伊萊媽 Annie
知名親子部落客

楊啟瑞 顧問／醫師
中國醫藥大學 醫學系 部定副教授

狗血般的劇情是真實人生

曾經離死亡那麼近，才聽見心臟跳動的聲音是如此響亮珍貴。在結束重大手術後，我決定用「倒數計時」的方式，開始往後人生中的每個決定。雖然無法保證都是正確的選擇，但「人生如棋，落子無悔」。當生命的存在不再那麼理所當然時，就會重視自己所擁有的每個時刻。那些無所謂的人事物自然就雲淡風輕；經歷挫折、痛苦也能甘之如飴。

我的家庭成員有爸爸、媽媽，以及哥哥。在我成長求學階段時，正逢爸媽力拚事業時期，因為父母年輕，還保有太多原生家庭帶來的習慣與個性，雖然相愛卻也經常發生衝突，導致家庭氛圍常處於不穩定的氣氛中。

我跟哥哥從小感情就不錯，常常小吵小鬧。但媽媽重男輕女的觀念，連帶造成我們兄妹倆彼此的不滿與誤解，甚至日益擴大至不可開交的地步，使我們慢慢走向既陌生又冷淡的距離。長大後雖能諒解媽媽成長背景所帶來根深蒂固的傳統觀念，跟哥哥早已不計前嫌。但因為兄妹倆長時間的無法對話、沒有對話，演變成不知道該如何對話，我們始終處於會互相關心卻又陌生的尷尬狀態。

也許是我在成長過程中一直渴望被照顧、害怕獨處，因此在青春年華的二十三歲，便毅然決然走入婚姻。太過年輕而缺乏周全的考慮，誤以為只要逃離原生家庭，就可以重新開始一段期望中父母感情和睦、兄弟姐妹友愛團結的美好家庭。

我天真地以為結婚後可以從此順風順水、幸福快樂；但這場婚姻開始於不成熟與不穩定的關係。我與前夫交往半年就懷孕了，當時覺得先把孩子生下來再慢慢培養感情也不算太遲，彼此討論後便決定結婚了，直接跳過雙方家庭背景熟悉與互相磨合的階段。

進入新家庭後我才發現，對方的家庭背景與我成長的背景差異太過懸殊，對方家奉行傳統大男人主義，採取威嚴體制軍事化教育。因為長期與日本做生意，維護家庭門面與公司形象是他們最重視的，這與我自由奔放的個性有著極大的分歧。

前公公認為結婚後媳婦就該捨棄娘家與自己的私領域，並斷絕所有朋友的聯繫，一切以夫家馬首是瞻。但我始終無法適應，畢竟原生家庭的一切才是我的根本之處，要我拋棄自己的父母是不可能也做不到的事情。在自己組了新家庭嫁入夫家後才發現，以前在原生家庭的那些吵鬧與不睦，反而是最平凡的幸福寫照。

前夫是獨子，縱使明白現代女性主義的平權，卻也不敢違逆自己的父親，總是要我單方面的隱忍退讓，甚至直接不允許我回娘家。種種價值觀背離與家庭背景差異，使我們原本就不穩定的感情，在幾次爭吵中埋下雙方日積月累的不滿與怨懟，但我從未想過會進而衍生出「暴力」行為……

讓我下定決心離婚的導火線是前夫在娘家對我動粗，而且還是在我媽媽面前對我揮拳。起因就只是我在前公婆的午休時間，擅自離開夫家回我自己的家。當時我的父母非常憤怒，無法諒解自己的女兒只是回娘家，就被丈夫無理且粗暴的對待。但前公公得知後，不以為然地默許這樣的行為，他認為這只是教育妻子遵守規則的手段之一。當下我才意識到，這已經不是單純的價值觀差異，而是可怕的控制慾。

我是他們不可控制的變因，而「暴力行為」是他們認為最有效的方法。這種家庭教育誘發了前夫潛在的暴力傾向，甚至隨時都可能因為夫妻雙方沒有共識而變本加厲，並危及到我和小孩的人格發展及人身安全。在幾次與前公婆的對談當中，我發現前婆婆同樣是在暴力環境下默默隱忍過來的人。她要我複製她走過的路，不斷安撫我時間久了就會習慣的，聽話就不會有衝突了，一切以隱忍與失去自我的麻木活著。

某天午後，我看著前婆婆孤單的背影，沒有朋友與親人可以訴說，只能對著花花草草自言自語地聊著自己的心情。那一刻，我彷彿看見自己日後的影子，於是當機立斷地告訴自己：「我與小孩得離開這裡，否則大家都會生病的！」便開始著手準備向法院訴請離婚。

當時我的父母並不理解為何我堅持要離婚，單純以為這只是夫妻的日常吵架，不需要走到離婚的地步；家中親戚們則認為我把婚姻當兒戲，結婚、離婚都速戰速決。因為我本身的伶牙俐齒，倒也能應付這些人的酸言酸語；這些抨擊我的人無法想像我所面臨的事件，畢竟沒有真正經歷過，難以切身體會當下的情境，所以我並沒有多做解釋或責怪他們。

有誰會拿自己的人生開玩笑呢？一開始我們難道不是朝著幸福走去嗎？只是每個人的際遇不同罷了。我所能做的，就是捍衛自己的自由心智，確保我跟孩子平安健康，有肩膀地承擔我所做出的選擇。

當爸媽聽過我蒐證的錄音檔後，終於意識到我的處境有多壓抑與束縛。這種聽覺內容的衝擊，是身為父母無法接受的，因此他們焦急且迫切地要我趕快離開所在的地獄，不斷規勸我若是小孩帶不走就乾脆放棄爭取。透過錄音檔，他們深刻明白我在夫家的遭遇已不是單純的夫妻吵架，而是侵害到我的基本人權。他們非常擔心我的身心健康與安全，一天也不希望我多待。

連續劇八點檔的狗血劇情都是真的，而且當時的我身在其中。

創傷重複體驗

我明白在訴訟的漫漫長路，若是證據不足將讓我錯失獨立擁有小孩監護權的機會，我不容許一絲絲的風險。因此我堅持留在前夫家努力蒐證，盡力扮演好媳婦、好太太的角色，更加順從溫馴，也不再提出要回娘家的事了。這讓前夫家認為暴力行為果然是奏效的，大言不慚地說出一長串具體事證，總結出「暴力」也是溝通的一種方式。

或許是出自動手後的愧疚，這段期間前夫對我極度友善。當時我的腳裹著藥膏、紗布，因為在爭執的過程中，我從樓梯上摔下來扭傷了筋骨，卻也因此替自己爭取到些微自由活動的時間，才有機會在日常生活環境中加裝錄音機，錄下對話與蒐集文件等物證。縱使我知道私下錄音不具有法律效力，但仍期待能有些機率在關鍵時刻成為法官的心證。與此同時我必須控管好自己的情緒，把對前夫的厭惡感與影響小孩的情緒起伏降到最低。

所有證據都備齊後，透過朋友的幫忙，悄悄地幫我把文件送到律師事務所。當律師通知我存證信函即將寄到前夫家的前一天晚上，我得帶著小孩離開！因為我知道若前夫收到存證信函以後我們還沒順利逃跑，可能就再也沒辦法平安離開了。

前夫家是傳統產業的電鍍廠，彰化當時許多電鍍工廠都是違法農舍改建的，基本上也沒有做汙水處理系統。為了掩人耳目排放電鍍廢水到隔壁稻米田，只能在半夜工作，導致彰化有很長一段時期稻米都受到嚴重的重金屬汙染。雖然當時附近居民不斷地檢舉，但官僚與受賄陋習卻也讓這類違法事件被掩蓋掉。

那天晚上萬事俱備，只欠東風。我雙手合十，誠心誠意對著上天祈求，祈禱晚上務必打雷、閃電、下大雨，否則我就得硬闖了，因為我有好幾個關卡要通過。從後門到停車場的開門聲與門鎖聲，開車到大門口的引擎聲，還有大門自動鐵門柵欄的開啟聲……進行這一連串逃離動作時，除了要確保褓褓中的嬰兒不能哭鬧之外，還需要大雨與雷聲的掩護，才不會被工廠裡正在進行電鍍工作的前夫家人們發現。

從後院停車場到大門的距離大約是一百公尺，電鍍工廠與住家是連在一起的，共用同一個大門。在正常夜深人靜的情況下，開啟鐵門會發出很大的聲響。

慶幸的是，當天夜裡如我所願下起了大雨，上天很幫忙的在為我加油。轟隆隆的雷鳴聲像極了久未上油生鏽鐵捲門的齒輪轉動聲，叮叮咚咚的雨聲打在鐵皮工廠上，巧妙地掩護我回到娘家。短短十幾分鐘的路程，我不斷回頭看是否有車子追上來。平安抵達後，我把所有能上鎖的門窗全都鎖上，窗簾也全部拉下來，當下處於一種極度高壓與緊繃的備戰狀態。

前夫結束工作後發現我們母子倆不見蹤影，立即開著車追到娘家門口，並開始各種威脅與咆哮，後來在警方的驅趕之下才離去。

鄰里與親戚們都得知了這個消息，造成前夫家的顏面極度受損。而前夫家為顧及完美的形象，始終向法院主張我們夫妻感情和睦，我只是產後憂鬱，因此他們堅持反對離婚。

前夫的上訴再上訴，在我方準備充足的證據之下節節敗訴。長達一年多的離婚訴訟，結束了我們維持不到一年的夫妻關係。一張法院的離婚判決確定書，宣判我的婚姻終結。

從前夫身上我明白「家暴」可以透過耳濡目染變成一種家族遺傳。長期生活在家庭暴力中的孩子，由於內心的不安與驚恐，每當遇到刺激時，情緒波動會比一般人更劇烈。容易憤怒、暴躁，找不到方法調解或冷靜，雖然明白打人不對也會內疚，但始終無法控制自己的行為與情緒，下意識的動作比腦袋反應來得更快速。

這樣的孩子長大後變成施暴成年人的機率也比正常家庭高出許多。這也是為什麼分析暴力犯罪分子的童年成長背景，大多數都會跟他表現出的犯罪行為如出一轍，甚至受到的虐待越深刻，犯罪行為會越殘忍。

我絕對不允許自己的孩子在這種環境下，成為一個壓抑又病態的大人。被施暴者會長期深深陷入自我懷疑的黑洞中，無法走出來且無法求救，甚至轉而認同暴力行為。但這只會助長施暴者變本加厲，讓每一次的臨界點降低再降低，低到可能只是一個輕微的眼神，都將掀起施暴者的易怒情緒。

暴力就是一種創傷重複體驗，會無止盡輪迴與傳承。

雨過不一定天晴

在訴訟終結後的某個星期五下午，前夫出於報復心態，趁我還沒下班回家，沒有任何聯繫就突然出現在我家門口，一句話也沒說，粗暴的直接從我媽媽手中把小孩強行抱走。當時我兒子還沒斷奶正值哺乳階段，但前夫連奶瓶、尿布、母奶都沒拿，就只是硬把小孩帶走，臨走前還丟下一句話，說這是法律賦予他的探視權。

我的媽媽眼睜睜看著小孩驚慌失措地大哭，被近似陌生人的生父強行帶走，四目相對卻無能為力。

兩天半的時間裡，前夫家電話打不通、手機關機，刻意以小孩的安全來報復我的不順從行為。

這段時間我們全家如同熱鍋上的螞蟻，我試著放下恩怨到前夫家想做理性溝通，大人的問題不應該讓小孩來承受，但卻始終得不到回應，大門深鎖而無法進入前夫家中。我能找的人、能幫忙的親戚都愛莫能助，畢竟清官難斷家務事，最後我只好報警並跟律師商量對策。

警方給的回覆是法定時間內若小孩沒有回來，他們才能夠執行法務行為，要我稍安勿躁，靜心等待。畢竟前夫也是孩子的生父，除了唐突的行為造成小孩的不安與哭鬧之外，應該不至於讓小孩受傷或陷入危險。

週日下午五點，前夫的車分秒不差地出現在我家門口。前婆婆抱著孩子愧疚地低著頭，不敢看我的雙眼。或許她明白自己兒子與丈夫的這些行為，有多麼不理性與不人道，卻又無能為力。

從孩子沙啞的聲音，我猜想他是一路哭著回來的。當我抱起孩子的瞬間，一歲多的孩子使盡全力緊緊抱著我，哭聲中帶著沙啞與責備。幼小的心靈似乎在責怪媽媽沒有保護好他，讓他在沒有任何準備下，被帶到一個陌生的環境跟陌生的人獨處兩天。我心疼地邊哭邊跟孩子道歉並抱緊他，而前婆婆只對我低聲說了一句「拍謝啦」就匆匆離開。

從此以後，我兒子不再相信我以外的人，二十四小時黏著我，不允許我離開他的視線。我們花了好長的時間安撫他與重新建立信任，孩子才願意讓其他人親近。

這是我第一次感受到法律賦予親情的力量是多麼強大與無奈，有些與生俱來的權利是沒辦法被剝奪或禁止的，不論執行這些權利的人心態是否健全。我們在這次的經歷之後，沒多久就賣掉並搬離當時的家，離開了兩家人太過相近的距離，以此增加執行探視權的難度與不便。果不其然，前夫再也沒有出現過。

老天爺往往會透過各種方式，教會我們還不懂的事情，幸福感或家庭溫暖本就不該草率地以結婚來獲得。正當我們母子卸下武裝及不安全感，慢慢自我檢討與調適，準備享受得來不易的親情幸福時，一場突然的高燒，使我被診斷出疑似惡性腫瘤。這個突如其來的噩耗，對我們母子是很重很重的打擊。原來暴風雨過後不一定天晴……

第一章

我們的旅程

啟程

尼采：「一個人知道自己為什麼而活，就可以忍受任何一種生活。」

二〇一二年一月，我因為高燒不斷而意外被診斷出腎上腺腫瘤，腫瘤呈現不規則狀，大小將近四公分。醫生分析了以後告訴我，為了避免擴散引發惡性腫瘤，需要立刻進行切除手術。那個瞬間就如同電影情節般，人生跑馬燈在我的腦中快速閃過，醫生的聲音變得遙遠而模糊。

腎上腺只有八到十五公克，體積雖小仍可能產生腫瘤。腎上腺腫瘤一般介於一到六公分之間，最常見的是二、三公分，超過四公分就要注意是否為惡性或轉移的腫瘤。而不規則狀通常為惡性，但多能透過手術得到良好的控制與追蹤。

當時的我聽不懂任何疾病學名的專業解說，只是慌張地哭著告訴醫生：「我的小孩還沒斷奶呢！」我迫切地拉著醫生的手，焦急地求醫生救我，不能讓小孩這麼小就沒有媽媽。原來生病的人是如此無力與脆弱，那徬徨無助的畫面我至今依然歷歷在目。

才剛結束一場婚姻訴訟，接著又要面對未知的治療與疾病，讓我們母子再次面臨被拆散的風險。一直以來我的身體都很健康，連我自己都不相信我的身上會有腫瘤。或許是離婚訴訟的準備過程，讓我在短時間內處於極度高壓與緊張的狀態，導致身體負荷不了出現反彈。

接下來除了要做一場大手術之外，還有一連串檢查與治療。我兒子似乎明白了我身體的不適與各種藥物治療的不便，主動戒掉喝了兩年半的母奶。他曾經有陰影，不安的情緒在他心靈深處扎根。原本就缺乏安全感的他，擔心媽媽就這樣消失了，所以特別配合阿公、阿嬤的照顧，異常懂事沒有哭鬧。

所幸，老天爺還沒要我去報到。感謝中國醫藥學院的醫療團隊替我撿回了一條命，順利完成腫瘤切除手術。一場長達八小時的手術，讓我意識到生命不是掌握在自己手中。原來人在病魔前是如此脆弱與卑微，生命如沙漏般是倒數計時的。

麻藥漸退醒來的那一刻，因為嗎啡的副作用，陣陣強烈又噁心的感覺讓我躺在病床上吐了好幾回。但這起起落落的嘔吐，反倒幫我把思緒清理乾淨了。

大學畢業那年，我曾經想出國念研究所，但當時的選擇與際遇讓我走進了婚姻。因此在我的人生規畫中，一直有個尚未完成的夢想。

此刻，我的身體承受著手術完偌大的痛苦與折磨，但腦袋卻異常清醒。雖然我當初沒有選擇讀研究所那條路，但至少現在可以出國體驗看看吧！於是，我的腦海中萌生了一股非常強烈的念頭──「我要出國看看，帶兒子去體驗不同的世界」！

我告訴自己在有限的生命當中，如果想要留下些什麼給我的小孩，除了母親對孩子百分百的陪伴之外，還有「勇氣」！我必須讓他知道，要是沒有人可以依靠，就得自己學會堅強。

離開目前的舒適圈看似危機重重，卻也能擺脫過去的矛盾與衝突。避免聽到更多閒言閒語，影響孩子的身心發展，讓小孩能有更健康與完整的成長過程，塑造更多機會，創造豐富多樣的選擇。那年我二十七歲，兒子未滿四歲。

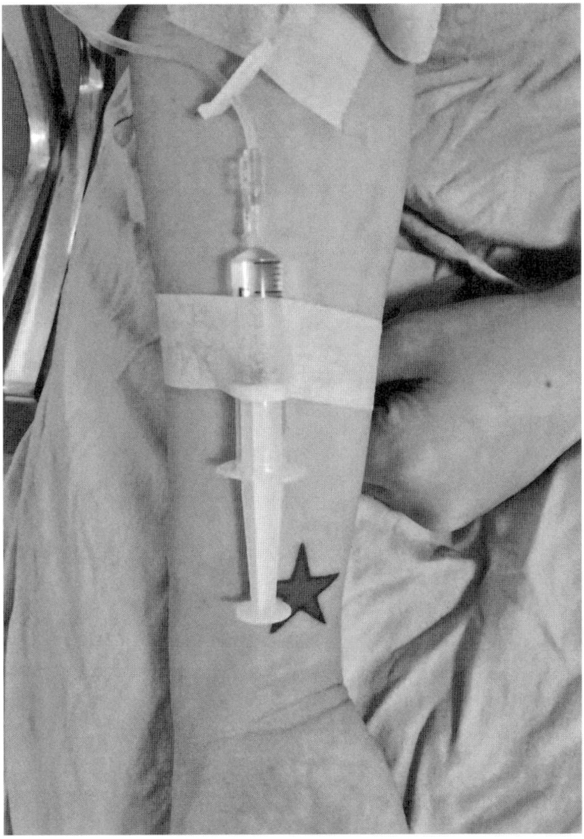

各種術前檢查的留針頭

梭哈，換一輩子的回憶

對於術後的患者而言，調養身體、重整生活作息和飲食習慣是首要任務。於是我利用幾個月的時間，安安靜靜地讓身體復原，同時也悄悄進行我的出國計畫。

當時我在彰化的傳統菜市場內賣韓國童裝，貨源來自五分埔到韓國批貨的當地採購，或偶爾自己親自出國批貨。我分析了自己的興趣、個性，以及小店日後的持續經營，還有考量手術後需每三個月回醫院定期追蹤，因此初步將出國念書的國家鎖定為「韓國」。這樣也能就地批貨寄回台灣，維持童裝店的經營並賺取部分零用錢。

從小我爸媽的放養教育養成了我獨立自主不受約束的個性。自從有意識行為以來，我就不喜歡別人干涉我的選擇與人生；當時大學畢業就結婚，父母是抱持著非常反對的態度，因為他們認為我出國念書能有更好的發展。但反骨的我總覺得自己可以掌握一切，儘管失敗的婚姻也證明了我的選擇錯誤。

我的爸爸在彰化是有點知名度的地方人士，對於女兒結婚不到一年就離婚，的確需要一些時間來面對親朋好友的關切與解釋。現在我大病初癒又要出國，姑且不論親戚朋友們的輿論壓力，光是自家父母與兄長都無法認同，因此小孩留下來勢必會變成大家的話柄。為了不造成其他人的負擔，「帶小孩一起出國」是讓大家閉嘴的唯一選擇，再來是我也沒有想過丟下孩子去追尋理想，我相信完成自己的目標與陪伴孩子成長，母子倆是可以一起完成的。

目標設定後，我不斷寫信給韓國所有查詢到的華僑幼稚園，詢問有關外國學齡前兒童入學的相關事宜。大人想要出國念書只要有錢，申請書填一填基本上不會有太大的困難；但我的小孩剛滿三歲，勢必要提供他全母語的環境，讓他慢慢熟悉，偏偏華僑幼稚園只提供當地華僑就讀，名額非常稀少。一個月過去了，所有的消息都石沉大海，得到的回應大多是：

「妳自己來吧！韓國那麼冷，三歲的小孩怎麼適應得了？」

「在這裡生病的話外國人看醫生很貴，小孩留在台灣請家人幫忙帶吧！」

「媽媽自己來就好，妳一個女孩子怎麼念書又帶小孩啊？」

這些反應本來就在我的預料之中，因為我知道自己的想法有多異想天開！二〇一二年的我還不太會使用網路資源，查了老半天都查不到任何母親單獨帶學齡前幼童到韓國生活的相關文章。沒有類似的參考其實也是人之常情，因為就連在台灣，單親媽媽要帶著小孩獨自生活都很不容易。除了小孩上下學需要接送，還有生活上的經濟問題，以及照顧者偶發的病痛或意外……各種不確定因素太多，因此鮮少有媽媽會做這樣的挑戰。

但對於我而言，這是屬於我們母子的旅程，我不願意隻身前往，更不願意犧牲與孩子相處的時光。況且我已經離婚了，小孩唯一最親近的親人就是媽媽。在孩子幼兒時期的安全感培養，媽媽扮演著非常重要的角色，我不願意把這個棒子交給別人來完成。然而，大姆哥就讀的幼稚園到現在都還沒找到，很可能讓整個計畫落空……

某一天，我一如往常顧著不到五坪的小店，沮喪得不知道該不該繼續下去的時候，忽然接到釜山華僑幼稚園校長的國際電話。

「盧小姐，我看到妳的自傳與求學動機，一個單親媽媽竟要帶著三歲孩子來韓國念書，這是我們從教以來尚未遇過的案例。我很佩服妳的勇氣，所以親自打這通電話來支持妳的決定。雖然我們的報名已經額滿了，但我可以推薦妳去首爾的幼稚園，或許他們能幫妳。」死灰復燃的心情就是如此吧！

拿著釜山華僑幼稚園校長給我的資料，我立刻寫信給首爾華僑幼稚園校長詢問報名方式與資格，對方表示釜山華僑幼稚園校長已經先打電話知會過我的狀況。於是非常順利的，隔兩天就收到首爾華僑幼稚園的錄取通知。

首爾華僑幼稚園在弘益大學附近，但我希望學習環境單純一點，因此選擇梨花女子大學就讀。兩所學校在同一條交通樞紐線上，是完美的組合。

終於，我跟兒子即將開啟我們的冒險之旅了！在這之前，我沒有透漏半點消息給家人或朋友們，因為人多嘴雜，每個人的意見都可能影響到未來的決定。

直到所有事情都塵埃落定後，我鼓起勇氣「告知」爸媽這個決定，可以想像兩老肯定大發雷霆、極力反對，甚至為此跟我冷戰了整整幾週。但我早已事先模擬過他們的心境轉換，才會堅持這樣的選擇。如果我獨自前往韓國念書，把小孩留在台灣，後續孩子的照顧及教養問題，才會真正成為我未來的絆腳石。我不想讓自己有藉口怪罪別人關於小孩的教育問題，自己的小孩，自己帶著教。

「妳才剛開完刀，自己的身體狀況能掌握嗎？暈倒怎麼辦？痛怎麼辦？發作怎麼辦？」「妳自己去就好，小孩留在台灣，我們太不放心了。」「妳不要一時興起，在那邊發瘋……」

我當然知道一個人帶小孩在異地念書是非常困難且危險的任務，但在模擬了所有可能發生的狀況後，大致上都在我可承受及處理的範圍內，因此似乎也沒有那麼遙不可及。等爸媽釋放完所有情緒之後，我平靜地說：「我這輩子最清醒的就是這一次。我要去，而且一定要帶我兒子去！」

每個人的人生都是有限的，離婚又大病後的我明白了這件事，決心在有限的人生裡，挑戰無限可能的事情，從此以「倒數計時」的方式面對人生。

父母沒辦法替我承擔未來的選擇或永遠照顧我。或許我明天就突然離開了，因此我不想留有遺憾，也不想讓兒子對於跟媽媽的回憶，沒有任何美好或難以忘懷的記憶點。所有準備我都已經備妥了，也提早告知主治醫生我的決定，並討論該如何回診與注意事項。醫生雖然擔心卻非常支持我，只做了提醒，要我作息正常並保持愉悅的心情，其他想做什麼事就去做，固定的回診時間一定要回台灣就好。

爸媽為了阻止我，拋下狠話說一毛錢也不會幫我出，父母總是以切斷金援來威脅小孩打消念頭。而我早料到會有這個橋段，果斷又霸氣地贖回大學投資的基金，解了兩筆定存，賣掉自己的嫁妝和古董偉士牌機車，勉強湊齊了母子倆出國的經費，這樣一來學校申請資格、房子、現金、保險就全部備妥了。而爸媽看到我的決心後，反而不知道該怎麼反對了。

偉士牌於一九七八年生產製造，是我十八歲的第一台機車，也是我九年來最寶貝的收藏。我平常總是捨不得它吹風淋雨，是任何人都不能借騎，如寶貝般的存在。在我賣掉偉士牌的當下，它早已高出市價好幾倍，由此可知它的價值。因此，爸媽知道已經阻止不了我了，因為我是真的山窮水盡才會把我的古董收藏賣掉。該折現的有價值財產，我全都壓下去了！

當你的決心大到沒有任何人可以動搖的時候，有沒有人支持或同意，都已經不是重點了。那些跟你說不行的人，是因為他們自己做不到，所以才理所當然認為你也做不到。想要擁有自己的人生故事就該由自己寫，這條路上沒有範例，沒有考古題，更沒有捷徑可以複製或重來。我梭哈，換一輩子的回憶。

出發的前一晚，我一如往常跟大姆哥睡前聊天。

我：「大姆哥，為了我們明天的韓國之旅，媽媽真的梭哈了。」

大姆哥：「梭哈是什麼？」

我：「梭哈就是玩大富翁的時候，把手裡的錢全部交出去的意思，一毛都不剩了。」

大姆哥：「麻麻，那我也梭哈！」

口齒不清的小小孩，強而堅定的一句「梭哈」，是我此趟旅程最大的籌碼。

小男孩的小名叫大姆哥。剛出生時，小男孩總會舉起大姆指把玩，阿公常常跟他玩數手指大姆哥、二姆弟、三中娘……的遊戲，因此幫他取了一個小名「大姆哥」，顧名思義也期許他越來越棒的意思。

出發韓國的行李

兩人一個伴

韓國的冬天特別冷，冷到連大人都有點無法承受。我擔心小小孩的身體沒辦法一下子適應寒冷的天氣，評估後雖然時間有些倉促，但還是決定夏天出發，讓我們提早適應當地的氣溫與辣泡菜，這也意味著我們母子倆都即將進入秋季班就讀。

二〇一二年七月二十九日，我收到韓國梨花女子大學的正式入學報到通知書。我大致整理了一些常備藥品、冬季保暖衣物、兒童繪本等必備的生活用品和一台嬰兒車，就準備出發了。大姆哥的華僑幼稚園則已經事先保留名額，到現場再填寫報名表繳費即可，流程沒有大人那麼繁瑣。

韓國留學生通常住在考試院或oneroom，我事前透過網路上的韓國租屋網，訂好了願意承租給小孩入住的考試院。住的問題解決了，塵埃大致落定。

考試院是韓國租屋的其中一種選項，不需要押金，可以短租以月計算，提供給手頭比較不寬裕的外地考生，大多是考公務員或司法特考的學生。近年來許多單身的上班族或外國留學生也會選擇此類住處，主因是可以降低租屋成本，因為不需要另外支付水電費、瓦斯費，尤其冬天的暖氣與地熱開銷簡直是吃電怪獸。另外大多數的考試院都有提供免費伙食，如：白飯、泡菜、即溶咖啡、茶包、泡麵、雞蛋……後面這兩項並非常態提供，大多是剛開業要吸引租客的考試院才有，讓租客們就算沒錢吃飯也不至於餓肚子。

oneroom 則是獨立的五到十坪單間套房含簡易型廚房，月租約台幣一萬兩千元至兩萬五千元不等，需要獨立支付水電費、瓦斯費、網路費、第四台費用等等，比較類似台灣公寓套房的租屋型態。差別在於韓國收取較高額的押金，大約台幣八萬至四十萬元左右，但許多留學生常面臨保證金拿不回來的風險，所以要盡可能找有信譽的仲介不動產簽約。當時我還沒有太多能力與時間，可以尋找合適又符合經濟狀況的 oneroom，因此暫時選擇條件沒那麼嚴苛的考試院當落腳處。

二〇一二年八月十八日，我們買了兩張廉價航空的單程機票，非常自信且興奮地出發了。十年前飛往韓國的航班，廉價航空的時段非常侷限。為了節省預算，我們買的是最後一班晚班飛機，銜接最後一班地鐵的機票。上飛機前一刻，我的電話突然響起，看到前面一堆「0」的號碼，讓我心頭有種不安的預感……

"Hi, Lucy. I am really sorry for our mistake, our staff didn't hand over well and accidentally sold your room."（嗨，露西。真的非常抱歉我們犯了一個錯誤，我們沒有交接好，因此交接班的工作人員不小心把妳的房間出租了。）

因為工作人員的失誤，我們原先預定的房間被租掉了，而且新房客當晚已經入住！

「飛機即將起飛，請關閉隨身的電子用品……」還沒來得及處理後續事宜或訂購其餘空房，機上的廣播就響起了，我的手機也被迫關機！而考驗來的時候，通常都不會只有一件。就在我們快要抵達目的地時，機長廣播說飛機因航道安排問題，需要定點在空中盤旋，下降時間會延誤一小時，因此我們也即將錯過最後一班開往首爾市區的地鐵，這代表連去找下榻飯店的機會都沒了。

還好我事前有到背包客棧爬文，得知仁川機場地下室有二十四小時營業的汗蒸幕，提供轉機的乘客一個休憩和洗澡的空間。我自以為有著落的地方後，很淡定地拿起機場簡介，快速找到了汗蒸幕的位置，卻完全忽略男女澡堂需要分開沖洗的這個問題。

「小姐，很抱歉，汗蒸幕必須男女分開，就連小孩也一樣。除非妳的小孩是女生才能跟妳一起進去。」

大姆哥才三歲，不太可能獨自進去洗澡，再走到大廳跟我會合，這種全裸的場合也不太適合拜託櫃檯服務人員通融。看來汗蒸幕休息一晚的計畫落空，我們只好到大廳等待。

晚上超過十二點，韓國機場外面幾乎沒有橘黃色或銀白色計程車在排班了，只剩下黑色計程車。一般來說，機場到首爾的計程車費大約是台幣一千八百元至兩千四百元，但黑色計程車的費用高達台幣四千五百元至六千元。當時我們的單程機票一張大約台幣六千元，如果搭黑色計程車到市區，等於是再買一張回程機票了！一來費用實在太高，二來我們失去了目的地，也不知道要請計程車司機送我們到何處。而且現在已經凌晨一點多了，待在機場休息遠比到市區遊蕩安全許多。我實在不好意思打擾那位把我房子租掉的房東，因此只能留在機場一晚，好好查詢資料，等天亮再搭乘最早班的地鐵到學校附近找找。

我：「大姆哥，我們今天晚上沒辦法去澡堂洗澡睡覺了，麻麻先帶你去廁所刷牙、換衣服好嗎？」

「好吧！那妳會陪我吧？」經過剛才被汗蒸幕櫃檯小姐拒絕的情況，大姆哥很擔心又要離開我。

「大姆哥，韓國的機場好棒喔！廁所竟然有熱水，洗澡都不會冷。不過現在是夏天，天氣熱熱的，就算洗冷水也很舒服呀。」我幫大姆哥快速擦澡的同時，一邊安撫著彼此略顯慌張的情緒。

大姆哥：「麻麻，我覺得很有趣！我們好像電影演的那樣，沒有家可以回，只好在逃難中的廁所洗澡。」

我：「對啊！有這種經驗也不錯，你以後可以跟阿公、阿嬤說你睡過機場，曾經在機場的廁所裡洗澎澎。」

大姆哥：「太好玩了！一定沒有人跟我一樣。」

我跟大姆哥選了一間位於角落的殘障廁所，廁所空間大到足以將全部的行李拉進去，讓我們可以安心的在裡面盥洗，不用擔心行李遺失或被偷走。同時，我盡可能讓大姆哥覺得這是一場遊戲而不是災難，這樣在未來遇上任何狗屁倒灶的事情時，才更能以接受與包容的心情應對。越是災難，越需要以幽默的方式坦然面對，才不至於陷入驚慌失措中。

我們在廁所簡單做了清潔與更換衣服後，大姆哥就雀躍地跑到大廳去選床位了！

大姆哥：「麻麻，我們可以睡在舒服一點的椅子嗎？」

大姆哥還小，睡覺容易翻來覆去的，因此有靠背的椅子是我們的首選，避免他睡著後翻身跌落地上。我精挑細選了一個位在人來人往的手扶梯旁，燈光充足、熱鬧的走道，因為我擔心遇到搶劫或危險，在亮一點的地方至少比較有安全感。睡前大姆哥依然需要聽床邊故事，於是我拿起了《媽媽的紅沙發》，但還沒唸完，大姆哥就累到進入夢鄉了。

大姆哥不吵不鬧，配合度還異常的高，讓我十分欣慰。因為抵達韓國的時間太晚了，我簡單傳了一封簡訊告知台灣的家人，就沒有多加贅述留宿機場的事了。第一次無家可歸睡在機場大廳的椅子上，大姆哥覺得特別新奇好玩。尤其是確信我一定會陪在他旁邊後，調皮地換了幾次不同的位置試躺，最終還是跑回我們一開始選好的地方。

一路走來，我相信大姆哥能明白與我相依為命的心情，特別牽緊手不敢放開。為了好好留在我身邊，他知道自己不能吵鬧或失控，這成熟又細膩的心思正在慢慢養成中。還好有個還不知所以然的大姆哥，懵懵懂懂地陪我追夢，替我壯膽。今晚我們的韓國初體驗，夜宿仁川機場。

我們是兩個人一個半，兩人一個伴。

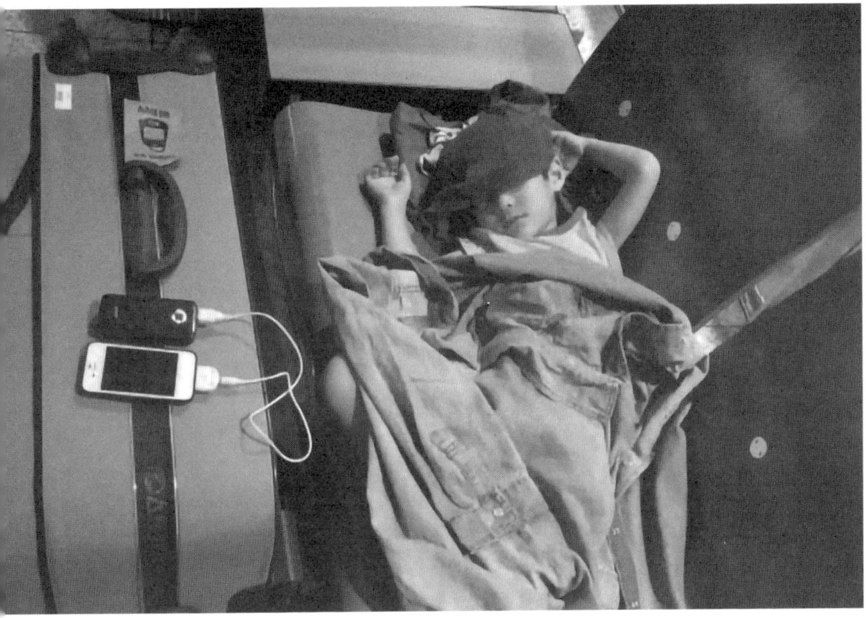

夜宿仁川機場大廳客椅

告別自己的安全地帶

第一次在開放空間過夜，我害怕到整晚不敢闔眼。各種不安的情緒不斷湧上來，擔心睡著後孩子被抱走了，擔心一閉眼護照就丟了，擔心醒來發現一切都停在原點。

我靠著大量的腎上腺素，不敢鬆懈終於熬到了凌晨五點鐘。凌晨五點半，我輕輕將熟睡的大姆哥抱上嬰兒車，搭上第一班前往沒有目的地的首爾地鐵。將近四十分鐘後，我們抵達弘大地鐵站。我不知所措地坐在十字路口邊上的路障，因為手機還沒辦理網路開通，所以通訊一夕之間斷了。

我不確定接下來究竟要前往原本承租的住宿區域，還是先去學校附近找房子。精神有點恍惚還在思考下一步該怎麼做的時候，一位早起晨運的老先生路過，看到我身旁的大件行李和嬰兒車中熟睡的大姆哥，於是小心翼翼並熱心地靠過來關切。老先生講著一句句帶有口音的簡易韓文，大概可以知道他在問我是否遇到什麼困難了，但他講的韓文我聽不懂，我講的英文他也聽不懂。前方不遠處正好有間警察局，看他努力地擠出一個英文單字「police」，大概猜到他是要我去找警察幫忙。

跟警察解釋了一番之後，我們母子上演真正流落街頭的戲碼。我們沒有住宿點也沒有親人朋友接應，警察大叔不知道該怎麼處理這種狀況，跟我們一起在路邊傷腦筋。就在這個時候，一輛現代黑色轎車出現在我們面前！

"Are you Lucy?"（妳是露西嗎？）

正當我還在納悶是不是這個英文名字太普遍，所以她剛好認錯人，理智立刻拉回現場提醒我，誰會在早上七點鐘開車出來對著警局前突兀的母子做姓名確認？

"Yes, I am."（是的，我是。）

原來是那位把我房間租掉的房東。她說由於良心譴責，他們夫妻整晚都沒睡，因為信中我有特別強調我們抵達的時間，所以他們凌晨五點多就開車出來繞了，繞了兩個小時才往社區外圍擴大尋找，到這邊的警察局來碰碰運氣，因為這裡是機場到弘益大學直達的第一站。我的所在地與原本承租的地方是完全不同的區域，他們能找到我們，我只覺得自己的運氣真的很好很好。

搭上黑色現代轎車，房東先帶我們去華僑最多的區域——延禧洞、延南洞，並提供臨時的考試院讓我們梳洗休息。由於房東白天還有其他工作，因此暫時安置好我們之後就離開了。我將嬰兒車中的大姆哥推進小房間鎖上門後，才發現一夜沒沐浴的自己，汗流浹背的有點狼狽。於是便洗個熱水澡，讓緊繃的神經稍稍放鬆一些，然後打起精神面對接下來的問題。

手機終於連上無線網路，內心卻突然有個聲音……

「人都已經到韓國了，為什麼還要仰賴手機來解決問題？是不是應該直接開口與人交流呢？外面管理員室不就有一位年輕的考生嗎？」考生對於附近的租屋狀況肯定是最了解的。

我深呼吸鼓起勇氣往管理員室走去，簡單地告訴管理員我的狀況與需求，希望從他那裡獲得資訊。沒想到他說他有很多同學都在考試院當管理員，因為他們都是應考生，有的在準備公務員，有的則準備研究所申請。他請我給他一點時間，說會盡力幫我們找到落腳的地方。

半信半疑的我回到房間，看著一路熟睡的大姆哥，不斷祈禱著希望在他醒來之前，可以給他一個安定的住處。我不能讓三歲的小孩感受到媽媽的驚慌失措，因此繼續努力查著手機資料。

半小時過去了，管理員室的年輕學生輕輕地敲了敲我們的房門，說他幫我們找到一間願意接受小孩入住的考試院，就在前方公車站不遠處，而且現在馬上就可以辦理入住。他禮貌性對我點了頭準備離開時，突然瞄了一眼我的行李跟嬰兒車中熟睡的小男孩說：「我幫妳搬過去吧！孩子睡得很熟，妳一個人不太方便。」

韓國七成左右都是山坡地，上上下下有許多階梯、緩坡道，實在很難想像同時要扛著五十公斤的行李外加一台推車的我，該怎麼獨自完成這個任務。這位考試院的熱心學生本身瘦瘦的，看他光是拉行李就非常吃力，但他還是協助我將五十公斤的行李扛到三樓，才氣喘吁吁地離開。

這間考試院的環境非常乾淨，不到兩坪的房間內有獨立單人衛浴設備、電視、衣櫥、書桌椅以及床墊；廚房二十四小時免費供應白飯、泡菜、辛拉麵、雞蛋。房租包含水電跟暖氣費，每個月租金四十萬韓幣，相當於台幣一萬兩千元左右，是一個CP值高的選擇。考試院管理員簡單地介紹租金條件與公共廚房設備後，給了我們一個靠近窗戶的房間。

安置好所有行李並繳交第一個月的租金後，我終於卸下心中的大石頭。上午十點鐘，大姆哥總算醒來了。

「媽媽，這是我們在韓國的家嗎？」睡眼惺忪的大姆哥揉揉眼睛問。

「對呀！是不是覺得很窄啊？」走道真的窄到只能容納一個人。

「嗯……有一點點小。但是媽媽在旁邊的話，睡哪裡我都沒關係！」

兩坪大小的房間，收納與設備卻驚為天人的完善。雖然只有僅僅兩坪，卻是我二十七年來第一次感受到，有個私人且安全的空間可以休息，真的好幸福，好安心！我們在韓國的第一個家，麻雀雖小，五臟俱全。此時此刻只覺得母子倆的心好近好近。

離開台灣的舒適圈，告別自己的安全地帶，從上飛機前接到的那一通電話起，我就已經開始緊張了。但老天爺在考驗你的同時，很仁慈的並不會讓你真的走投無路，當你堅持到老天爺都看不下去的時候，祂就會派很多很多的天使，到你身邊來幫助你完成任務。

我這輩子說過最多的「謝謝」都用在韓國了。一路上從機場開始就遇到主動幫我扛行李的善心人士；在街頭徬徨時又出現熱心的老先生；還遇到非常有良心的房東，願意凌晨出來尋找我們母子；最後也因為考試院管理員的幫忙，才能迅速找到下榻處。

勇敢不代表無所畏懼，而是在害怕的時候，會不斷自我催眠與鼓勵自己，或是轉念化為幽默思考，然後笑著咬牙繼續前進。不知道下一步該怎麼做的時候，只要跟著心中的大方向前進，就一定可以找到路！

入住考試院一個星期後，我煮了碗台灣綠豆湯，特別去感謝幫助我們找到第一個下榻處，還幫我們扛行李的好心考試院管理員。

兩坪左右的考試院

趙阿姨

頂著韓國大媽最流行的招牌捲髮，有著傳統媽媽的身形與重量，抱起來有扎扎實實的安全感，每次見面總是精神奕奕，笑容滿面。趙阿姨是我們在韓國認識的第一個朋友，也是我們的鄰居。

在台灣時，我因為熱愛韓國服飾與流行，曾經在彰化師範大學進修韓文，因此認識了一位韓國華僑同學。當初決定前往韓國念書時，這位同學很熱心地給了我一組電話號碼，告訴我若有困難時，可以打電話跟這位趙阿姨聯絡，也就是他媽媽的姐姐。

到了韓國安頓好住所後，我便打給趙阿姨打聲招呼，沒想到她就住在距離我們考試院走路三分鐘的地方。接下來的日子，她就如同我在韓國的長輩一般，讓我有踏實且安心的感覺，冥冥之中這一切好像都被緣分給拴在一起。

「小妹，今晚阿姨家吃餃子，妳帶著小寶貝一起過來吃吧！」趙阿姨稱大姆哥為小寶貝，一早便熱情地邀請我們到她家吃晚餐。她擔心我們母子出門在外，沒有辦法天天吃到豐富營養的正餐，特地選了「餃子」替我們一解鄉愁。

趙阿姨的先生祖籍是山東人，年輕時是開餐館的，因此趙阿姨的手藝自然也不在話下。雖然他們已定居韓國好幾代了，但血液裡的廚師魂依舊傳承下來。山東的氣候不適合生產稻米，食物多以小麥為主食，因此麵條、饅頭、餃子都是趙阿姨家非常拿手的家常菜。

逢年過節時，延南洞的華人們總是拜託趙阿姨準備家鄉代表性食物，趙阿姨地地道道的手藝早已在延南洞一區傳開。在特別的節日，華僑們渴望能夠吃上一些家鄉菜，例如粽子、水餃、饅頭等等，因此趙阿姨總有忙不完的團購訂單。但因為年紀漸長，身體陸續有些狀況，後來就把餐館收掉了，從此手藝只為家人親友們展現。

晚上六點鐘的晚餐，我們下午三、四點左右就開始準備了。趙阿姨一早從市場買了麵粉和內餡配料回來，一步一步教我醒麵團、做餃皮，講究內餡醃製和各式包法。

「小妹，妳知道一種餃子可以三吃吧？雖然水餃、蒸餃、煎餃都是餃子，但火侯掌握和餃皮厚薄都會影響口感。」「阿姨當然知道想吃什麼用買的又快又方便，但味道跟口感就不同，準備這道餐點的心意也不同。孩子總會記得媽媽的味道，你學起來以後，也會變成小寶貝記憶中媽媽的味道。」「跟人生一樣，同一個處境，用心去體會，用不同的心情去看待，就會有不一樣的滋味。」趙阿姨在指導我作法的同時，常常會加入自己的人生觀，如同長輩般的分享經驗。

趙阿姨大可單純請我吃晚餐就好，但是她選擇讓我學習並參與準備過程，目的是要教會我生活技能。她希望我可以自己學會包餃子，這樣想念家鄉、父母時，就可以動手做來吃。這也讓我明白，認真準備一道料理，可以讓每一天過得很不一樣。

「小妹，阿姨祝福你們在韓國順順利利。」雖然只是小小一頓晚餐，卻是充滿儀式感又誠意十足的準備。三種作法不同的餃子分別上桌，有煎餃、蒸餃、湯餃，期間每端上另外一種口味的餃子，就會重新換上新的碗盤，並搭配不同的沾醬，讓吃飯的人能感受到餐館般的用餐品質。

這個世界上大多數人的生活總是庸庸碌碌，日復一日的工作賺錢，吃喝拉撒睡，三餐吃飯但不知道自己吃了些什麼，行屍走肉地活著。一年三百六十五天若是少了這些儀式感，生活終將索然無味，毫無期待。一個簡單的用餐態度與碗盤的講究，就能讓我們在日常生活中，體驗到真正的愉悅與幸福感。

生活的意義需要主觀地賦予，在於如何用恰到好處的行動去詮釋。我從此開始重視生活中可以營造的儀式感，不斷用各種不同的名義，來度過在韓國的每一天。在平淡中創造一點回憶，也是一種生活中的美學態度。

「韓國即將進入秋冬了，這條棉被和一些生活備品帶回去給小寶貝添暖吧！」最近韓國的氣溫大約十七度左右，稍微有涼意了。但我們每個月的生活開銷都有固定的金額，實在無法添加較昂貴的物品。趙阿姨非常體貼地觀察到我們的拮据，飯後用一條大方巾，將家裡暫時用不上的保暖用品都裝起來打包給我們。

世界上最重視家庭價值的民族非華人莫屬，家庭價值就存在於華人社會舉手投足的影子裡。華人的熱情是不分地區的，趙阿姨一家對我們母子的照顧，真的就如同台灣的家人。這是我第一次感受到，敞開心胸善待周圍需要幫助的人，對他人的世界有多大的影響。

受到趙阿姨一家的真誠對待，我才明白人跟人之間真的可以去疼愛、照顧沒有任何血緣關係的人。趙阿姨讓我了解，家人的定義並不侷限在狹隘的血緣關係，她無私地照顧在異鄉努力生活的我們，成為了我們母子在韓國的家庭成員。

趙阿姨就像我們在韓國的媽媽一樣，親自帶我們去辦理各種憑證，培養必備的生活技能，認識附近商圈，辦理外國人登錄證，處理銀行和手機開戶，學習搭公車、爬山、吃蟲蛹……快速地幫我們母子融入在地生活。讓我們的心更加踏實，不再感到孤立無援。

「我現在有錢了，我想買回我的青春。」這是趙阿姨最常對我說的一句話。一個女人用她最寶貴的青春換得兒女的成就，消耗大半輩子的精力求得家庭穩定。她來不及實現自己的夢想，來不及照顧自己的健康，等到不需要為金錢奔波時，赫然發現年華已逝。

在我身上，趙阿姨看到當年自己為孩子打拚、努力的影子，因此非常能體會一個女人辛苦帶孩子的辛酸。後來我才明白，趙阿姨不只是在照顧我，她用生活日常培養我獨立的能力之外，其實也是在我身上找回一點青春的痕跡。這是一種借身安慰，她心疼年輕時候的自己，也在安撫年輕時候的自己。

我從這些年長的女性長輩身上看到，她們在最耀眼動人的年紀，全心全意奉獻給家庭、老公、父母或孩子。雖然有著傳統婦女的認命，卻在某些不經意的夜深人靜時，不免怨嘆，可惜自己美麗又精華的青春時光。

青春夢想跟陪小孩成長這兩者我都想要兼顧。為了避免自己重蹈覆轍或以後老了埋怨大姆哥，在我跟大姆哥能夠同步前進的前提之下，我不願意放棄自我價值的實現，以及過度犧牲個人時間。在身心靈被滿足的狀態下，我更能提供大姆哥正向與樂觀的價值觀。一個充滿活力的媽媽，對小孩來說才是最大的支柱與安全感來源。

1. 趙阿姨手擀麵皮製作餃子
2. 與趙阿姨和她的女兒珮媛姐姐合照

分離焦慮的其實是大人

幼稚園是步入團體生活的第一個階段，從大姆哥出生到出國念書為止我們幾乎形影不離，甚至連我上廁所時大姆哥都會坐在門外等。小小孩因為分離焦慮無法適應與父母分開，拒絕融入幼稚園的團體生活，無理取鬧地哭鬧抗拒，是許多家長都曾經歷的課題。

從計劃出國的那一刻起，我就不斷跟大姆哥溝通並幫他做心理建設。安頓好韓國的住家環境後，我提早兩個星期讓大姆哥到華僑幼稚園報到，目的是陪他先適應上學的步調，再來是因為我還沒正式開學，如果有任何狀況，隨時都能支援應變。在韓國我們只能孤軍奮戰，沒有阿公、阿嬤或任何親戚朋友可以幫忙。

我告訴大姆哥他可以害怕，或是害羞不講話；可以安安靜靜地坐在旁邊，什麼事都不做，就看著時鐘滴答滴答地走，只是這樣會覺得時間過得很慢；也可以約喜歡的同學遊玩、看繪本、畫畫，或是找人聊天。

「這段時間都是你自己的，你可以按照心情決定怎麼度過半天的學校生活。你只要相信時鐘上比較短的針指到『2』的時候，媽媽一定會準時出現來接你。」

我跟大姆哥約定好，彼此是互相合作的關係。白天我必須上課，大姆哥也得學習。我們母子倆只有合作，配合彼此的步調，才能順利渡過在韓國的每一天。我不屬於傳統制式守規矩的媽媽，不太可能因為小孩而放棄自己想做的事。每個人都是獨立的個體，「媽媽」只是一個階段性的角色，不該因此阻礙自己的進度與想完成的規畫。

對我而言，當媽媽是一種全新體驗。很多人會不斷建議我怎麼當個好媽媽，卻從來沒有人告訴我，要怎麼好好當個我自己。所有的親子教育都以小孩為重，但我認為媽媽不該太過委曲求全，或是過度壓抑自己的想法。我相信把小孩當成熟的獨立個體來溝通，小孩都能聽得懂的。良好的親子教育互動，是彼此都能得到心靈的滿足，並在這當中找到平衡點與些微的調整妥協，才能同步成長茁壯。

另外由於新聞上性騷擾案件太過頻繁，雖然是男生，但誰都無法確保男孩子就絕對安全。媽媽的顧慮總是比較多，所以我特別叮嚀大姆哥，不可以讓任何人觸摸或侵犯自己的身體，包括老師、校長也一樣，只要覺得不舒服就不行。

「如果有任何這樣的事情發生，你要先學會保護自己，直接跟對方說『你不可以這樣摸我』，然後馬上告訴媽媽。」我嚴肅地告訴大姆哥。

真正送大姆哥到幼稚園的那天，大姆哥只是簡單對我說了句：「記得兩點來接我，不要遲到了！」然後就頭也不回的進去教室坐好了。反而是我太過擔心，好幾天都躲在教室外面偷看。過度的狀況劇想像，使我好幾天都處在緊張狀態，遠遠地觀察著他。

這是一所華僑幼稚園，白天學習中文，但是到了下課時間，孩子們便全部恢復韓文對話。因為對從小生活在韓國的華僑小朋友來說，學習中文是很困難的。而讓大姆哥融入韓國生活最快的方式，就是既聽得懂中文，也可以順便學習韓文的華僑幼稚園。第一階段在韓國的適應期，這樣的學習環境對大姆哥而言比較有安全感。

從大姆哥出生以來，我就每天讀繪本給他聽。姑且不論他以前還小聽不聽得懂，但沒有人是不喜歡聽故事的，所以他在台灣早已養成聽故事的習慣，這對他適應韓國幼稚園生活有很大的幫助。

第一天上學，大姆哥很快速地融入幼稚園的作息。校長說他的表現很棒，吃飯能配合在規定時間內自己吃完，不哭不鬧，是個很冷靜的孩子，只是時常會要求老師唸故事書給他聽。第二天上學，大姆哥已經開始跟班上同學玩樂了，接下來反而有時不想那麼早回家。

某天晚上我問大姆哥：「你覺得韓國的幼稚園好玩嗎？」

「有時候好玩，有時候會很想妳，有時候我不想跟任何人說話！」「有時候我一直聽故事，校長講累了，我就自己看！」「有時候我會一直偷看時鐘，覺得它沒電了……怎麼都沒在動！」

聊天的過程中，我意識到大姆哥其實是非常忐忑不安的，只是他透過安靜等待來掩飾自己的焦慮，所以表現出來是冷靜的。面對異國生活，大姆哥被要求適應聽不懂的語言以及跟媽媽分開半天的時間，我沒有給他緩衝期，迫使他必須直接進入狀況，這對一個三歲小孩來說確實為難。他來不及任性，來不及哭鬧，反而用無比沉穩的表現來適應衝擊。那個三歲的大姆哥，懂事的讓我好心疼。

第一個幼稚園的關卡，比我們想像中還容易。其實小孩的適應能力遠比父母以為的還要強大，他們會用自己的方式消化身邊的改變，前提是孩子知道媽媽會一直在。勇敢是需要練習的，大姆哥很不安，很害怕，或許他在硬撐，或許他在調適，或許他只是為了待在媽媽身邊而努力。

許多未曾嘗試過的事情，大部分都是腦補出來嚇自己的。只有自身強大才不需要依靠任何人，讓自己適應不斷變化的外在環境，彈性調整內在情緒，才能變得堅強又有力量。未來的世界與競爭，我無法一路掌握和安排妥當，但心理素質的培養與磨練，是我能留給大姆哥最強大的武器。只要做好準備，放寬心去接受挑戰，或許就能得到不同的人生經驗和養分。

「大姆哥，麻麻有禮物要送你喔！」在接兒子放學的途中，我撿到一個從天上掉下來的禮物。

「這麼剛好，我也有禮物要送妳，麻麻。妳先說要送我什麼！」大姆哥雀躍地說。

「在我的口袋裡，你自己拿！」因為雙手拿著書包還要牽大姆哥過馬路，我沒有多餘的手可以拿禮物出來。

「是栗子！麻麻，我們今天又是很幸運的一天嗎？因為妳說幸運的人才能撿到栗子跟松果！」學校附近有很多栗子樹，但來來往往的人車經過，要撿到一顆沒有被壓到的完整栗子，確實需要一點運氣。這也是我們每天出門的日常，母子倆會一直盯著樹下尋找目標。

「那你要送我什麼？」我一樣非常期待收到禮物。

「我寫了一封信給妳！」大姆哥邊握著小栗子邊說。

「真的假的？內容是什麼啊？我好期待呀！」

「因為我不會寫字，所以我畫了一顆愛心送妳，要跟妳說我真的真的很愛妳，想要一直抱著妳，黏著妳的意思啦！我在信封上有寫妳的名字喔。那個長頭髮的女生就是麻麻，然後妳頭上有顆氣球，那是要送給我自己的。」很簡單又直白的深情告白。

「大姆哥你也太厲害了吧！是校長奶奶教你的嗎？」眼眶已泛紅的我開心地回應。

「不是啊！大家都放學回家了，我自己畫的。看妳這麼開心，我下次再畫給妳吧！」說完大姆哥就開心地朝家裡方向跑去。

簡簡單單的線條，沒有太多複雜的顏色或技巧，卻充分表達出內心無限的愛與想像。珍貴的是孩子畫畫的心意，如此細膩感人。圖畫中的媽媽沒有笑臉，大姆哥說是因為他不聽話惹媽媽生氣了，要我以後不要那麼兇，他會聽話的！我才赫然發現自己的表情帶給小孩的情緒影響，都會在無形中刻印烙下。急性子的我跟慢郎中的小男孩，在生活上時常形成非常強烈的對比，求好心切的我卻忘了微笑等待孩子的步伐。

我明白改變個性並非易事，情緒上來時也阻止不了自己，沒辦法憋在心裡委屈。但我學會了快速檢討與道歉，真心誠意的在每次犯錯或造成大姆哥不舒服時，敞開心房穩住脾氣的溝通與道歉。會道歉的父母，才能讓小孩得到相對的尊重。

後來我發現大姆哥複製了我快速自我檢討的特質，當然也包含了情緒產生時逞強的口舌之快。慢慢來比較快，這是身為父母的功課。

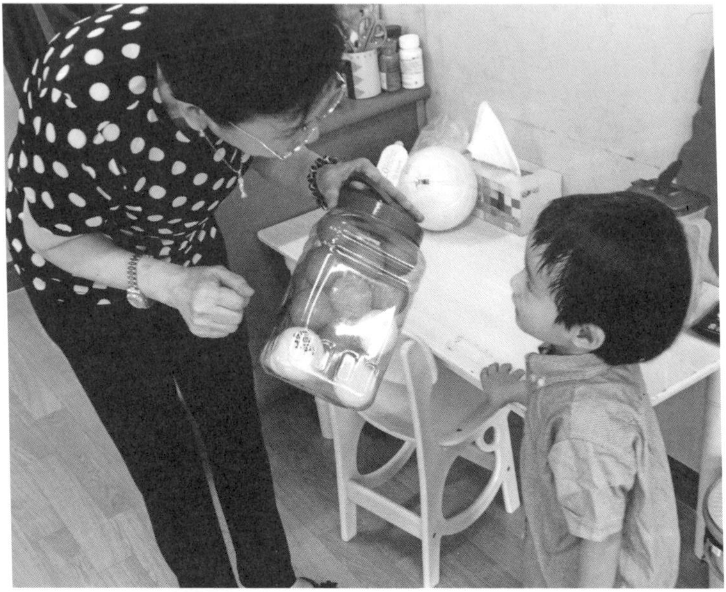

1 1. 校長奶奶出借球組給大姆哥帶回家玩
2 2. 大姆哥畫的愛心圖

洗碗小妹的世界觀正在萌芽

「麻麻，我也想幫忙……」大姆哥的聲音小到大概只有螞蟻能聽見，因為廚師爺爺有交代廚房太危險，小孩不能進來。

「大姆哥你先在外面待著，待會幫麻麻一起收拾餐桌好嗎？」

「喔……」大姆哥對於我的回答似乎有點失落。

趙阿姨有位朋友叫金大嬸，她在延南洞開了一家中國餐館，但這陣子她因為跌下樓摔傷了腿，裹著石膏無法好好走路。距離梨花大學語學堂開學還有兩週，金大嬸給了我一個可以帶著孩子一起到餐廳打工的機會，主要也是協助她不方便行走的腳。

中國餐館的主廚是位六十多歲的韓國華僑，老闆娘金大嬸則是道地的韓國人。在這裡工作兩個星期，可以賺取我們在首爾一個月的生活費，工作期間供應母子兩餐，也可以讓我們省下不少伙食費。透過打工除了能迅速認識當地人，也能讓我們提早熟悉全韓文的生活環境，畢竟聽力和對話就是最好的練習。我跟大姆哥討論後，決定給彼此一個機會挑戰一下。

大姆哥有一本繪本叫《媽媽的紅沙發》，說的正好是一位單親媽媽在餐廳工作，小孩放學後到餐廳幫忙的故事。大姆哥發現故事內容跟現實狀況雷同，興奮地躍躍欲試。餐廳中午十二點開始營業，直到晚上十點才打烊，下午兩點是休息用餐時間，正好也是幼稚園的放學時間，我常常塞一口飯就趕去幼稚園，將大姆哥接過來餐廳陪我打工。

連續兩週我需要每天帶著孩子上班八小時，假日十小時。這將近一百多個小時的漫長時間，我準備了大量的畫筆、畫本、故事繪本和一台筆電給大姆哥打發時間。用餐時間大姆哥必須挪動到戶外，將室內座位讓給客人使用。幾天過去，畫畫、看故事書、上 YouTube 看巧虎已經滿足不了大姆哥。每當我拿著托盤上上下下的時候，大姆哥總是跟在我身後，因為沒有看到我，他會覺得不安，再者是他希望自己能夠幫一點忙。

每天我花最大量的時間就是在洗碗盤，因為韓國小菜的種類太多，高翻桌率導致碗盤必須即時清洗才能應付點單，碟子、盤子多到要洗五輪以上！而洋蔥則是中國餐館裡最重要也是菜單上必備的配料，因此，我需要將水槽裡的大量洋蔥清洗乾淨，並在營業前剝完，好讓廚師爺爺使用。

「麻麻，我也想幫忙……我想幫妳剝洋蔥。」大姆哥已經是第三次偷偷跑進廚房了，我看得出來他真的很想試試看。

當我拿一顆洋蔥給大姆哥時，廚師爺爺馬上過來將大姆哥手上的洋蔥拿過去說：「小孩子不會剝洋蔥啦！沾到眼睛會痛死！」

廚師爺爺並沒有打算讓大姆哥嘗試。畢竟餐廳的生意真的很好，實際工作人員又只有廚師爺爺跟我，所以實在很擔心大姆哥會哭鬧，影響大家的工作進度。

「麻麻，我會小心點，我不會揉眼睛，我真的只是想要幫忙……」看到大姆哥失落的眼神，我想應該給他一個機會試試看。

「兒子，麻麻相信你，我知道你一定可以做到。我們先試著剝最小顆的，讓廚師爺爺和奶奶知道你也可以做得很好，好嗎？」這次我沒有等廚師爺爺說話，反而先開口說給兒子聽，也讓廚師爺爺和奶奶知道，小孩的自信心必須由媽媽來協助建立。透過媽媽的支持，小孩才能獲得踏實感；透過媽媽的信任，小孩更能自我催眠來達到期許。

「麻麻，妳有沒有覺得我好棒，連這個也會！」大姆哥非常有成就感地跟我說。

「真的欸，沒想到你洋蔥剝得這麼好！真的是超級小幫手。」

「沒辦法啊！我們在這裡又沒有阿公、阿嬤、舅舅，也沒有……（一長串名單不斷從大姆哥腦海中跑出來）我們要靠自己努力啊！」

「真的，大姆哥好棒！」我備感欣慰地稱讚這個懂事的孩子。

「那妳發薪水的時候，可以分我一點嗎？」大姆哥知道錢的好處，因為可以買他喜歡吃的零食跟冰淇淋。

「當然可以呀！」大姆哥學會付出勞力賺取報酬的道理了。

大姆哥踮著腳尖，雙手放在比他高出許多的流理台上，努力幫我剝洋蔥。

此時此刻，廚師爺爺跟金大嬸在一旁靜靜地做著自己的工作，沒有再過來打擾。

一星期過去，我的體力耗盡，夜裡跟大姆哥躺在床上閒聊時，不曉得是不是因為體力透支，情緒已瀕臨崩潰邊緣。

「麻麻，妳也跟我一樣很想阿公、阿嬤才哭的嗎？」大姆哥看見我擦拭眼角的淚水時，溫柔地問道。

我：「大姆哥，我是因為你這麼懂事才哭的！麻麻很謝謝你願意陪我。」

大姆哥：「麻麻，妳今天在餐廳工作辛苦嗎？很累嗎？」

我：「如果你都乖乖在旁邊畫畫等我，自己乖乖吃飯，麻麻就不會覺得那麼累了！」

大姆哥：「麻麻，辛苦妳了！明天開始妳幫我帶的便當我都會吃光光。」

我：「為什麼突然懂事了呢？」

大姆哥：「因為我吃飯才會長大，然後變成王子帶著劍來保護妳啊！」

我：「謝謝你喔！」

大姆哥：「但是妳得先帶我去買一把劍。」

遠在台灣的親友團們各個都勸我不要接下這個工作。「你們不是去打工洗碗的！」「這麼辛苦不要做了！」類似的話語不斷出現。

但我很清楚自己接下這份工作的目的，是因為趙阿姨的請託，也是一種回饋。其實打工的第一天我就想辭職了，因為我從來沒洗過那麼多的碗，而且要連續站八個小時不能坐下，一口氣要剝好幾袋洋蔥，不斷重複擺盤倒茶，還要兼職外送到府，而我在台灣根本就沒有打工過。店裡一個晚上的翻桌率至少五輪以上，我要兼顧內外場，因為主廚沒有多餘的時間踏出廚房。從第一天我的雙腳就已經麻到好像跟身體分離，腰也挺不直了。

但糾結的是，從另一方面來看，這裡的主顧客們、廚師爺爺、金大嬸對我們都非常好，甚至有些常客經常偷塞小費給大姆哥。而且用餐時間一到，無論再忙，廚師爺爺一定會先煮一碗麵給大姆哥吃，絕對不會因為生意忙而耽誤小孩子正常用餐的時間。韓國的中國餐館是現場由麵團拉成麵條製作的手工麵，所以主廚每天都特地拉一碗麵給大姆哥。光是這一點，就讓我很感動也很感謝，因此我實在不忍心在他們需要人手的時候拒絕這個請求。

另外，我也不想讓韓國人覺得台灣人吃不了苦，這攸關國家面子，實在丟不起。台灣在國際的地位非常低又沒有存在感，在介紹台灣時，除了讓外國人認識我的國家之外，人民的素養與特質也是很重要的第一印象，這是很難被洗刷的。所以我寧願全力以赴地維持自己的第一印象，避免往後需要付出更多代價，才能平反別人的誤解及認知。這是我不服輸的個性，也是不容置疑的好強。反正這輩子可能就打工這麼一次，累就累到底吧！咬著牙也得撐過去。

每一位留學在外的台灣人，都代表了台灣的價值和文化素養，因此需要謹慎面對，而非認為反正沒人認識自己，擺爛也沒差的態度。所以我洗碗洗得很認真，也抓到如何在短時間內疊好各種不同大小碗盤的訣竅；還學會怎麼快速讓洋蔥脫皮，迅速剝好一顆完整的洋蔥。

從這次的打工經驗，我體會到原來餐飲業的工作如此辛苦！我在最基層的角度看韓國與台灣服務業的差異，了解到原來文化的不同，導致民族習慣也不同。吃苦是歷練的過程，同時也是開拓視野的好時機。這是一個講求知識競爭、條件競爭、能力競爭的世代，除了講求實力之外，還考核「吃苦」的能力。

每當接近打烊時間，廚師爺爺跟金大嬸也累得唉唉叫，全身貼滿各種不同大小的痠痛貼布，但依舊繼續手邊的工作。我這個年輕人又怎麼好意思在他們面前喊苦喊累呢！

在台灣很多人是為了夢想而進入餐飲業，但在韓國餐飲業是許多韓國人都不願意做的工作。韓國的職場沒有台灣勞基法保護的那麼人性化，許多餐廳的工作人員都必須很耐操，一個人當多人用，為的是在韓國高消費的生活環境中節省人力成本，因為餐館的老闆們本身就非常辛苦。

兩週的打工經驗讓我深深明白自己需要更努力，才能讓未來多一點選擇。而此趟韓國留學最珍貴的回憶，就是在逆境中有個小小孩給我無比大的勇氣和力量。雖然洗碗很崩潰，但把每一件平凡的事情做好就顯得不平凡，曾經以為浪費時間的過程，或許都是未來幫助自己抵達目的地的養分。我相信每一分努力，都會在未來的某一天打包還給自己。直到現在，我依然記得那兩個星期有多疲憊。

1　1. 大姆哥協助剝洋蔥
2　2. 重複洗碗是一種吃苦耐勞的練習

黑頭車裡的大人物

一陣厚實沉穩的引擎聲劃破了小巷的寧靜。四輛進口黑頭車一字排開在餐館門口，西裝筆挺的正副駕駛們紛紛小跑步排隊在門口站好。

其中幾位年輕一點的男士，分別雙手握拳快速移動到後座開門，手扶在車門邊上護著，深怕裡面的「大人們」撞到邊框，看起來是有紀律的訓練過。首先下車的是幾位表情莊嚴，看上去學問淵博，大約五十多歲的男士們；最後下車的是一位頂著稀疏髮量，卻十分有精神的男士。

「今天封館，有包場！」一早廚師爺爺說了這句話就進廚房準備了。

廚師爺爺是個沉默寡言的人，平常跟我不會有太多的對話。他沒有交代貴客的來歷，雖然好奇，但我也沒有多問。為了迎接幾位重量級的大人物用餐，廚師爺爺跟金大嬸一早就戰戰兢兢，從他們交談的語氣和行動，能感受出緊張的氣氛與對這次包場客人的重視。

雖然我完全聽不懂他們的對話內容，但我明白必須小心翼翼。廚師爺爺多次交代大姆哥，要他乖乖配合待在室外座椅上，千萬不能進來打擾貴賓用餐。傍晚六點鐘，包場的貴賓們準時入席，金大嬸腳上裹著石膏一拐一拐地拄著拐杖親自上前招待，我則在一旁幫忙遞茶水和擦手巾。其中幾位男士不約而同的對著我用韓文點起餐，但我完全聽不懂，若不回答又怕顯得失禮。

"Sorry, I couldn't speak Korean. I am afraid that I can't help you! Please wait a second."（很抱歉，我不會說韓文。我恐怕沒辦法幫你們，請稍等！）

一句簡單的英文讓在場的賓客們突然安靜下來，因為在華僑小區的餐館內，鮮少有外國人在這裡打工，因此引起了他們的好奇與注意。最後下車的那位男士特地將金大嬸叫過去，看著我講了一些話，隨後禮貌性的對我點頭微笑。接下來就是一陣忙碌，大家忙著準備菜單上的料理，我則適時地補充茶水與小菜並保持笑容，深怕稍有怠慢，影響了貴賓們用餐的滿意度。

大姆哥一直在門外觀察，尋找媽媽的空檔，雖然安靜沒有吵鬧，但也努力想辦法傳達他的需求讓我知道。大姆哥嗅出異樣，知道今天不能搗蛋，觀察力非常敏銳的他打算趁機提出平常不能破戒的要求，他知道這樣可能比較容易達到目的。

隔著落地窗的玻璃門，大姆哥用一點也不低調的肢體動作和誇張表情加上唇語。「麻麻，我想吃冰淇淋！」我餘光瞄到大姆哥不放棄，動作一次比一次大。正當我猶豫著是否該出去安撫大姆哥時，引起了貴賓們的注意。

方才看著我與金大嬸聊天的那位男士，示意外頭西裝筆挺的男士將大姆哥請進來。我有點緊張，畢竟廚師爺爺已經交代過不能打擾貴賓用餐，我正準備上前去道歉的時候，這位貴賓同時也揮了揮手招我過去。他拿出一張五萬元韓幣（約台幣一千五百元）遞給大姆哥，彷彿看懂大姆哥想吃冰淇淋，善意的對著大姆哥笑了笑，說了幾句韓文，我猜應該是給他買冰淇淋吃的小費。通常小費給一萬韓幣就已經很大方了，因此我不確定是否能收下，便往金大嬸的方向望去，她早已料到般的在我望向她的同時，已經點頭回答我了。

「大姆哥，這五萬元是這位伯伯給你買冰淇淋吃的錢，跟伯伯說謝謝。」

「謝謝！」大姆哥就是講中文的「謝謝」，因為他還沒辦法自動切換語言。

「但是今天不是假日，我們有說好假日才能吃冰淇淋，我不希望你隨便打壞我們的約定。我們把錢收好，假日再買來吃好嗎？」大姆哥知道自己的小心思被看穿，心虛的點點頭便往外面跑去，跟外頭幾位穿著西裝的年輕叔叔們玩。

如果任由小孩打破原本的約法三章，日後將造成大姆哥懂得利用各種機會來破除他不想遵守的規矩，這種小聰明對自律是沒有幫助的。所以我有義務在不起眼的關鍵時刻，執行小小的家庭教育。

將近三個小時過去，貴賓們用膳完畢準備離去。剛剛那位客人遞出一張名片交給我，跟金大嬸講了幾句話再看看我之後，一群人跟幾輛黑頭進口轎車便消失在社區小巷內。正當我看著手中的名片時，廚師爺爺從廚房走出來。

「小妹，剛剛那幾位是很有聲望的醫學博士和醫院院長。給妳名片的那位是一家整形醫院的院長，他覺得妳的條件跟形象很符合他們在找的職缺，希望請妳去醫院當翻譯和櫃檯人員，剛剛他已經跟老闆娘問過妳的來歷了。」

「是啊！妳去醫院工作待遇絕對好過在這裡打工，金院長從剛剛吃飯時就已經開始觀察妳了。」金大嬸接著說。

「他過幾天還會再來，妳回去好好想想，到時候再給對方答覆。」沒有太多贅述，廚師爺爺又進去廚房了。

兩天過後，金院長特地再次前來餐廳用餐。這次沒有浮誇的排場，他特意換上休閒服裝，顯得比較不那麼讓人畏懼，看得出來是專門跑這一趟的。金院長詳細說明了職務內容與待遇，原來這是一家專門服務中國客人的整形醫院，因為中國客源日益龐大，所以他們正在找尋形象大方且會說中文的女生當門面，提供從機場到醫院安排手術的一條龍行程與方案介紹。月薪則是兩百萬韓幣，另外還有獎金福利，換算成台幣大約是九萬元。

雖說直接踏入職場也是學習語言非常快速的方式，除了可以學到醫美領域的專業知識，另一方面也能認識許多來自中國的富太太們，其實是蠻讓人心動的。但是接下這份工作，我就必須放棄梨花大學的語言課程。

「這是我來韓國的目的嗎？接下這份正職工作，我還能全心全意跟大姆哥一起享受在韓國的時刻嗎？我能心無旁鶩地體驗這個與台灣截然不同的國家嗎？」我自問自答了一番。領多少薪水相對要付出多少代價，我明白沒有任何一份工作可以在沒有壓力下混過去的，雖然薪水福利優渥吸引人，但似乎偏離了我的初衷。

「小妹，金院長今天特地來詢問妳的決定，想清楚了嗎？」金大嬸在一旁幫忙翻譯。

「非常感謝金院長給我這麼好的機會，但我現階段最重要的任務是好好照顧小孩和學習韓文，恐怕沒有辦法幫上您的忙。」這確實是很好的工作機會，但時機不對。

我向金院長行了九十度鞠躬道謝並拒絕後，還是出自好奇的問了一個問題。「為什麼您會認為我適合這份工作呢？」雖然無法答應對方，但我仍然想知道原因。

「因為妳不笑的時候看起來很有距離感，能彰顯足夠專業度；笑起來的時候卻又意外的有親和力，非常適合整形醫院的形象。」這句話的白話文就是，不笑時表情很嚴肅，看起來夠專業，可以應付難纏的客人；笑了又很像傻子，可以拉近跟客戶之間的距離。

「妳有我的名片，上面有電話，遇到任何困難都可以打給我。」金院長露出惋惜的笑容，對著我點點頭，豎起了大拇指跟我說加油。

「認真做好每一件事，因為隨時都有人在觀察你、注意你、考核你。」以前在台灣過得很舒適，沒辦法體會爸爸說的這些話。這時才發現原來爸爸的話受用無窮，一個小小的面部表情，竟會決定自己未來的機運。

你想要什麼樣的生活，全來自當初自己做的決定。如果我選了醫院工作，現在可能是穿梭在中韓醫美界的一流業務專員，但一年可能見不到兒子幾次。我很慶幸當初的堅持，讓我現在能待在自己充滿熱情的產業裡發光發熱，並且依然帶著大姆哥一起。

人生最遺憾的就是不會選擇，不堅持選擇，以及不斷選擇。設定好目標，全心全意地堅持所選，並往那個方向前進。懂得拒絕誘惑和隨時回頭看看自己，才能在將來的某一天，站在至高點上告訴自己：「我終於走到這裡了。」現在我依然還在爬山的路上，並且卯足全力往山頂邁進。

許願石不是用來許願的

「兒子，你幫麻麻看一下最上面那層階梯的數字是多少？」我氣喘吁吁的在不到四分之一的階梯上，喊著精力旺盛早已跑到樓梯最上頭的大姆哥。

「235 啦！」

終於結束了整整兩個星期度日如年的打工初體驗，稍微可以放鬆心情準備開學了。趙阿姨熱情地邀請我們一起去爬山，她知道我們打工的日子已經結束，想帶我們去欣賞大自然的美景。另外則是登山可以舒緩疲憊的身體，是開學前淨化身心靈最好的休閒活動。

修理山又稱秀岩峰，是京畿道安養市八大名景中的第五景，也是韓國百大登山景點，海拔三百九十八公尺，橫跨安山市、軍浦市、安養市、始興市。站在山頂上可以俯瞰四個不同城市，非常遼闊，全程爬完大約需要兩小時五十分鐘。

想要登山的人必須先爬完這兩百多層的階梯，才能抵達登山入口。一路上大多為落葉闊葉林，盡是難走的原始生態步道，充滿著大大小小的石頭。我們時而需要跨步攀爬較大塊的石頭，時而需要抓著樹枝才能穩住重心往下踩，這讓第一次挑戰的母子倆都有點吃不消。剛開始還覺得山中景色清新自然，讓人神清氣爽，但一個小時過去，發現四周景色都長一樣，看上去沒有太大的不同時，就開始感到無聊，體力也漸漸消失了。

「麻麻，還要多久才會到？我好累。」大姆哥出現不耐煩的情緒。

「咦！這是松果欸？也太幸運了吧！」我用誇張的聲調，成功吸引了大姆哥的注意。

「麻麻，給我，我也要。」

「我們來比賽吧，看誰撿到的松果最大最完整，他就是今天的幸運兒，可以決定晚餐要吃什麼！」

「好！」大姆哥興奮的像充飽電似的，大步往前走。

因為路程還有將近一半沒走完，為了安撫大姆哥的情緒，我突然靈機一動，以這樣的方式來分散母子倆的注意力。如果媽媽不懂得在任何時候自娛娛人，小孩就會陷入鬼打牆般無止盡的吵鬧中。透過隨手可得的小趣事、小挑戰，就能輕鬆引導大姆哥把焦點轉移到身旁有趣的事情上，自然會忽略身體很累，路還很長這件事。

爬山的目的不只是為了攻頂，而是在路程中沉澱心靈，跟自己對話。我們清晨六點多就來登山了，這個時間還沒有太多的登山客，山上很安靜，除了鳥叫蟲鳴之外，我赫然發現山林是會呼吸的。

風吹過松樹時發出窸窸窣窣的聲音，似波濤般洗滌自己的雜念；仔細一聽，落葉掉下來也有聲音；石頭在泥土上滾動，就像低音鼓般咚咚咚的伴奏著。大自然就像一首不需要指揮的交響曲，各自演奏著自己的主旋律、副旋律，搭配的如此完美，讓人不自覺融入其中。

韓國人爬山有個習慣，他們在接近攻頂時會在一旁堆起石頭，然後誠心許願。據說堆越高的人，只要石頭沒有掉下來，許的願望就會成真。所以每次爬山總會看到一些人，全神貫注在堆自己的許願石。大大小小的石頭，一堆一堆的疊在靠近山頂處。

人在低潮逆境時，其實心裡是充滿不安與恐懼的，因此需要許多助力來幫自己強化內心的信念。有的人拜拜，有的人算命，有的人求神問卜，而韓國人透過爬山時，堆堆石頭許許願。

我們則是撿栗子、松果，每天出門只要撿到一顆，母子倆就會覺得是格外幸運的一天。在國外只能藉由日常生活，不斷創造看似隨手可得，卻又得靠一點點運氣的天然禮物來強化我們的信念。全世界的人都一樣，無論是拜拜或堆石頭許願，其實都是在練習自我對話。不斷確認並期待完成心中的願望，期許自身不要放棄，努力往目標前進。

信念是一種看不見的力量，雖然微小，但常常在緊要關頭時發揮巨大無比的效果。許願石不是用來許願的，而是用來支撐我們的信念，提醒我們還有很多很多的希望，在未來某一天終將實現。低潮的現況或許會打擊自己面對未來的勇氣，但「強化信念」是一件非常核心且重要的事情。信念能帶你往前再多走一步，而每前進一步都遠勝於原地踏步。堅持心中的理想與抱負，終有一天，一定會感謝自己擁有這麼強大的力量。

　　我們母子倆深深相信松果跟栗子可以帶來好運，如同《冰原歷險記》中的松鼠一樣，死命地抱著心愛的栗子，拍到第六集了，還是活得好好的。那些在韓國撿來的栗子跟松果，至今還保留在我的行李箱和置物櫃上，提醒著我們「莫忘初衷」。因為正是這股信念，幫助我們走完韓國的旅程。

1｜2

1. 登山前的百層階梯
2. 韓國人登山時習慣堆石頭許願

第二章

韓國三冬初體驗

秋夕

「더도 말고 덜도 말고 한가위만 같아라」（不需多，不需少，只願如中秋。）這句韓國諺語的意思是，希望世世代代像豐收的中秋時節一樣，不愁吃穿過好日子。

傳統的中秋節受中華文化影響，世界各地的華人都會在這一天舉行各種慶祝活動。對華人而言，中秋不僅僅是一個節日，更是文化傳承的象徵。這一天，華人們會不自覺地凝望天空中皎潔的月亮，想念親人、愛人、友人、故人、恩人。月亮把身在不同地方的人們全部串連起來，以寄託思念之情。

韓國的中秋節又被稱為「感恩節」，這一天韓國人會穿上韓服，早上第一件事就是祭祖，緬懷先人，是格外重要且值得感恩的日子。大部分商店在中秋連假都會休市，規模僅次於農曆春節，由此可知韓國人對中秋節的重視。

韓國人過中秋不會賞月，跟華人的中秋節有所不同。在韓國，長男的媳婦扮演了非常重要的角色，需要扛下所有傳統祭祀料理的前置準備工作。韓國中秋最具代表性的食物就是松餅，是用半熟的米粉團包入豆子、栗子、芝麻、蜂蜜等內餡，並在鍋中鋪好松葉，再放上松餅一起蒸熟。中秋前夕全家的女眷都會聚在一起製作松餅，做出來的松餅越漂亮，就會生出越漂亮的女兒。

這是我們母子倆第一次在國外過節，趙阿姨特地邀請了幾位華僑親友們，應景的陪我們一起度過台灣人的中秋節，一邊烤肉一邊賞月。韓劇中常出現的屋塔房，是家庭聚會和朋友來訪時的最佳場所，沒想到自己有一天也會處在韓劇的場景中，過著韓國人的生活日常。

中午過後，大家各自準備自己的拿手料理在屋塔房上切磋。每逢過節，韓國家家戶戶都會做煎餅，各家的煎餅種類繁多，不僅反映出韓國人保有追求傳統的價值觀，從健康角度來看，煎餅營養價值高且容易消化。幾位阿姨們分別教我製作煎餅的技巧，每一家都有各自的獨門配方，藉此機會，他們也互相交流自己的獨家滋味。我則端出國民外交美食——珍珠奶茶，來回贈給大家。雖然不貴重，卻可以讓我們回饋一點小心意，送給一路相助的陌生人們。

「麻麻，妳聽……」在我望著天空若有所思時，大姆哥忽然跟我說。

「什麼啊？」我有點疑惑。

「就是天上的龍貓在說話啊！」大姆哥興奮地說。

「天上的是嫦娥或玉兔，不是龍貓吧！那龍貓說什麼？」今天明明是中秋節，角色不對吧！

大姆哥：「他說我今天表現很棒，沒有賴床。還說怎麼會有這麼帥的小孩，穿得好帥，外套也好帥！」

我：「那龍貓會冷嗎？」

大姆哥：「他身上毛這麼多哪會冷，麻麻難道妳看不見他嗎？」

我：「對啊，我真的看不見！」

大姆哥：「吼！麻麻妳要用想像的啊！因為我也看不見啊！龍貓說中秋節到了，叫我們趕快去吃烤肉了啦！」

大姆哥很會在生活中加入各種想像，來為乏味的獨生子日常增添樂趣。這是獨生子女必備的技能，因為沒有玩伴，只能透過想像力，來創造更多有趣的事物。這種時候，媽媽只要自然融入孩子塑造的情境中，就能輕鬆與孩子創造共同語言。

中秋節的傳說有嫦娥跟玉兔，這也是大人們想像出來的故事；龍貓在電影裡則扮演了一種精靈，只有特別幸運的孩子才能看見。或許在幼小心靈中，真心期盼天上有龍貓的存在，因為他認為我們的韓國旅程是充滿奇幻與挑戰的。

「月到中秋分外明，每逢佳節倍思親。」節日的氣氛對海外遊子而言格外令人感懷。我們帶著滿滿的希望與熱情來到這個城市，度過在海外的第一個中秋。看著皎潔的月亮，真心感謝一路上出手相助的人，也謝謝自己的勇敢，帶我們體驗了不同國家的傳統節日。

「想念」這詞尚有九成的電量，所以一點也不覺得感傷或想家！也是真正身處異鄉才能體會，原來所有景物都是隨著心境而變動。內心充滿感恩的我們，此刻看著天上的月亮，覺得未來的每一天都值得期待。外國的月亮是否比較圓呢？真的又圓又大又漂亮！

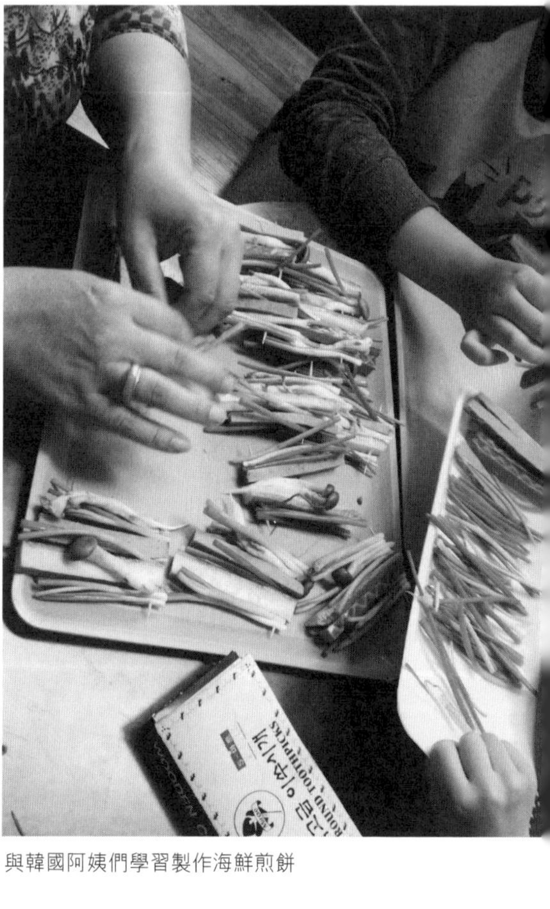
與韓國阿姨們學習製作海鮮煎餅

梨花大學小小旁聽生

「咦，大姆哥，我們今天有特別早出門嗎？你們幼稚園的電燈怎麼都還沒開啊？」

步行至幼稚園的路上，我們習慣從遠處眺望整面透明大落地窗的二樓教室，亮著燈的教室讓母子倆比較安心。我看了看手錶，沒錯啊！跟平常到校的時間差不多。

「為什麼保全大門也沒開呢？」充滿疑惑的我們不知道究竟發生什麼事。

自行打開保全大門後，一步步走上二樓，我們開始察覺到不對勁了！雖然平常我們都是最早到校的，但總能看到清潔阿姨和校長奶奶的身影，今天怎麼格外安靜？

「老師聯絡簿上沒有寫要放假啊！」大姆哥無辜地說。當我們在教室門口等了五分鐘之後，漸漸意識到事情大條了。

「喂，校長早！請問今天學校放假嗎？怎麼都沒有人呢？」有點措手不及的我趕緊打了通電話給校長奶奶。

「阿依咕（韓國語助詞），老師忘記跟妳說啦，今天是韓國國慶日連續放假呀！真的很對不起啊！我現在趕過去也要一個小時後呢，這樣妳來得及上課嗎？」校長奶奶充滿抱歉地回覆我們。

「沒關係，我帶他去梨花大學吧！」收到校長奶奶遲來的告知後，我知道母子倆今天又要出任務了！幼稚園距離梨花大學五個公車站的距離，車程大約十五分鐘，坐上公車的母子倆有默契地對看了幾秒。

「麻麻，怎麼辦？我能跟妳一起上課嗎？」大姆哥察覺到媽媽的心聲了。

「我也不知道呀！一是老師跟同學都同意我們進教室上課；二是你在圖書閱讀室等我下課。」我整理了兩個最有可能的結論跟大姆哥討論。

「麻麻，我不要自己在閱讀室，我會被抓走或嚇死。」大姆哥開始慌了！

「我知道啦！先去學校再說吧！」

由於我都會提早送大姆哥到幼稚園上學，所以到梨花大學時還很早，有足夠的時間到辦公室跟老師討論這個意外。簡易地向老師述說我們遇到的問題後，老師用親切的聲調回覆大姆哥說：「你要乖乖陪媽媽上課，不可以吵鬧喔！」隨即向我們點點頭，就讓我們趕快去教室準備了。

語學堂有著來自世界各地的自費留學生，因此上課的品質跟時間都非常珍貴，我得告知全班同學並取得同意後才能安心上課。接近上課時間，同學們陸續抵達教室了，許多人發現多了一位小小旁聽生，好奇的前來關注大姆哥的來歷。我還沒來得及一個個跟同學們介紹與解釋，上課鐘聲就響起了，老師也剛好走進來。

「今天我們班上來了一位小小新同學，大家拍手歡迎他喔！」老師非常親切地幫我做了開頭介紹，沒有替我們做太多說明跟解釋，而是在課程中特意安排相關內容，希望透過自我介紹來讓大家更認識彼此。

「為什麼你們會想來韓國念書?跟誰來的呢？」這是老師今天丟出來的口語練習題目。當班上同學得知我是一位三歲小孩的媽媽時，有點驚訝；當知道我們母子倆是一起來韓國念書，不是依親而來時，更覺得很不可思議。

老師詢問為什麼另一半沒有一起來的時候，我簡單帶過自己是單親媽媽，覺得有點不好意思。老師非常有智慧的接著介紹韓國目前的婚姻市場，順便跟同學分享韓國是亞洲離婚率第一高的國家，巧妙地轉移我覺得難為情的焦點，也讓大家更認識韓國的現狀。

大姆哥非常自制地配合我們上課，不吵不鬧，安安靜靜地畫畫，時而看著老師講課，時而看看班上的外國人們。這樣的衝擊與刺激，讓大姆哥意識到唯有自我要求地克制，才能安全且穩定地待在媽媽身邊。在潛移默化的生活當中，已慢慢讓他融入了韓國在地生活。

班上都是十幾、二十歲出頭的年輕學生，大家對大姆哥非常友善。四堂課下來，大姆哥已經收到一堆零食、餅乾跟巧克力了。就連老師都被圈粉，買了一些餅乾給大姆哥當作認真上課的獎勵。

一個三歲的小男孩，課堂上真的一句話也沒有說，小心翼翼地控制自己，不影響其他人學習，因為離開我身邊的恐懼，遠超過需要受限的任何條件。也因為他成熟穩定的表現，讓許多原本不喜歡小孩的同學們，卸下心防地靠過來釋出善意，無意間拉近了我們這些留學生的距離，大家變得更靠近了。

「姐姐，Lucas什麼時候再來上課啊？我們都好想他喔！趕快帶他來陪大家吧！」因為班上多是國際學生，所以我臨時幫大姆哥取了Lucas的英文名字，從此大家都叫他Lucas。

爾後我們又遇到大大小小的國定連假，大姆哥不定期到班上課是語學堂裡的小插曲。多虧大家的包容與接納，讓我們更順利且安心地學習。小小旁聽生縮短了各國同學之間的距離與隔閡，也替我們的韓國生活增添許多結伴出遊的機會。

因為無法預測，才看到人有多大的彈性；因為意外的連續假期，讓我們感受到世界各地同學們的溫暖、包容與愛心。當了媽媽以後，有時會覺得孩子綑綁了自己的自由與夢想，雖然很愛孩子，但不免偶爾埋怨與孩子的羈絆，延宕了自己想做的事情。但其實困住自己的，往往不是別人或其他因素，而是自己的心態。孩子的彈性很大，只要不畫地自限，孩子總能為我和生活帶來無限的驚奇與感動。

我原本以為帶小孩上課會是個負擔，但大姆哥反而幫我縮短了與同學之間的距離。原來小小孩不只是夫妻或伴侶間的潤滑劑，更是人際關係中很重要的橋梁，因為人們總是喜歡可愛的「小生物」呀！有了大姆哥的陪伴，讓我在韓國更輕易地結交到來自不同國家的朋友。

在往後的人生體驗裡，少了婚姻的束縛，解放了我自由的靈魂，讓我能大膽勇敢地牽著大姆哥的手，追尋我們想要的風景與未來。雖然看似我牽著大姆哥闖蕩韓國夢，但其實是他牽著我的手，帶我們走得更遠，看到更多豐富的旅程與美好事物。

上課時自己專心畫畫的大姆哥

愛的季節

韓劇之所以這麼迷人，有絕大部分原因來自渾然天成的地形優勢。起起伏伏的山坡地與屋塔房，以及隨著季節交替而變化的自然景觀，搭配人文藝術氣息濃厚的生活型態，坐落在首爾市區的每個角落。

每年的十月底至十一月是韓國最美的時候，漫山遍野的芒草，隨風搖曳的銀白色，彰顯出屬於這個季節獨特的滄桑。各地的銀杏與楓葉爭相鬥豔，飄下的落葉鋪成一條長長的地毯。紅色的楓葉搭配金黃交織的銀杏樹矗立在林蔭大道上，猶如仙境般的世外桃源，遠離車水馬龍的喧囂。這麼美的自然景色，色彩豐富到不需要任何濾鏡。難怪韓劇總是撫慰人心，光是走在路上的生活日常都變得不日常了，每分每秒都像置身在劇中的場景，浪漫的好不真實。

我來到這個與台灣截然不同的國家，融入了當地的日常。未來的我會在哪裡？該做什麼？我此時都還沒有答案。但我深深知道，所有此刻的感受，都會替將來的自己儲存大量的能量。我沉浸在詩情畫意的景色，以及周遭的幸福氛圍中，慶幸身旁有個大姆哥相伴。如此美景有人陪我一起欣賞，儘管擁有的很少很少，內心卻很滿很滿。

韓國有大大小小的山頂公園，而駱山公園是韓劇最常取景的地點。曲折蜿蜒的山徑小路，創意無限的壁畫和裝置藝術，連階梯上的花朵鯉魚彩繪都讓人會心一笑。韓國的美感與藝術融入在市井小民的生活當中，在最不經意的巷弄裡，總能發現一間充滿創意的文創小店，地點隱密到我常常覺得老闆只為了他自己營業。轉個彎，又會出現熱鬧的小區咖啡街，壁畫村、裝置藝術雕像、貓咪塗鴉牆、裁縫師的畫散落在街頭小巷中，還有牆壁、屋頂、地板、扶手樓梯上，無所不在。

語學堂每學期都有兩週的假期，同學們會利用這段時間回國或結伴出遊。我們母子倆跟班上同學有了一季的默契培養與日常情誼，於是在第一學期結束後，正逢秋季風景最美麗的時刻，我們便跟班上同學們相約一起爬山。

John 是來自美國的日籍華僑，他在美國是一名銀行行員，平常謹慎寡言，卻常常稱讚與鼓勵班上同學，是一位內心非常溫暖的大男孩。他的大學女朋友是來自韓國的同學，於是他為了愛情放棄銀行員的職務，前來韓國學習韓文。因為他想用女友熟悉的母語來與她交流，用行動表達對她的愛。這樣的愛很純粹，很單純，沒有利益交換與算計。

學生時期的愛是單純欣賞而喜歡，但隨著年紀增長，男男女女選擇對象的條件變得世故現實，職業、收入、家世背景等附加條件決定了愛或不愛。像是挑選 3C 產品那樣，講求多功能與 CP 值，好像只要符合這些條件的對象，就是大家所謂的「好對象」，漸漸忘記愛一個人的本質，以及他最純粹的樣子，才是愛情的美好之處。John 來韓國是為了追隨愛情。

Kiyo 是來自日本的女孩，擁有巴掌大小的精緻臉蛋，臉上永遠掛著淡淡的微笑，是個親切的天然系美女。她大學主修家政，立志當一位全職家庭主婦。為了累積更豐富的人生經驗前來韓國留學，努力替將來的育兒生涯提供更多寶貴經驗。原來當一位全職媽媽需要很多專業技能，並非易事。Kiyo 為了當一位好妻子、好媽媽，正在努力地充實自己。

Scarlett 是一位十六歲的超熟齡香港女孩，大姆哥簡稱她為 SKY 姐姐。她是個語言天才，精通英語、韓語、粵語、台語，無師自通且自小過著漂泊的生活，擁有超強的適應能力。她的媽媽在韓國投資演藝娛樂事業，她自己則立志當導演，於是前來韓國學習韓文並熟悉娛樂圈環境，為將來累積更多經驗。目標明確的努力往前衝，Scarlett 是為了導演夢想而來。

小寶是長年住在南京的台灣女孩，隨著父親到中國定居，擁有百分百電力的大嗓門，活潑且充滿朝氣。愛花錢，喜歡逛街、喝酒、上夜店，是墮落天使的代表人物。雖然看似靡爛，卻讓人無法不喜歡她。常常悲傷中夾帶著幽默搞笑的精神，陪我度過了後半段的留學生涯，小寶是為燃燒青春而來。

每逢假日，我們幾個固定班底都會選出一個韓國近郊秘境，一起野餐、拍照，度過悠閒的下午，爬山也是我們的休閒活動之一。自從大姆哥到梨花大學旁聽的那天起，許多同學紛紛加入我們的假日爬山野餐團，為我們增添不少熱鬧的回憶。

我們透過一次次的郊遊，更加了解每個國家的文化差異，以及每位同學來韓國學習的動機。大家懷抱著不同的愛來到韓國，有對自己的愛、對另一半的愛、對夢想的愛、對家庭的愛、對燃燒青春的愛……無論未來是否達成心願，是否完成任務，此時此刻擁有目標與夢想的每一位同學，眼神中都充滿了希望與朝氣，都耀眼的讓人覺得好敬佩。

「大姆哥，護唇膏借我，我的嘴唇裂開了。」今天出門時太匆忙，忘記帶護唇膏的我看見大姆哥的背包裡有一條。

「我送給秀媛了。」大姆哥堅定地回答。

「可是我明明看到在你的包包裡面啊！你知道說謊的小孩，仙女姐姐會把他的鼻子變長吧！」我以為他在說謊，語帶威脅迫切地想知道原因。

「嗯！」大姆哥沉默地點點頭。

「那明明就有，為什麼要跟麻麻說沒有？」咄咄逼人的我面對小孩說謊有些擔心。

「因為我真的送給秀媛了，只是她又還給我，但對我來說那就是秀媛的！」

大姆哥委屈地說著。

「喔！原來如此，那我誤會你了。改天再重新拿給她就好啦！」原來是大姆哥班上一個喜歡找他玩的小妹妹，因為忘了帶護唇膏所以嘴唇破裂，因此大姆哥就把自己新買的護唇膏送給她。

「可是麻麻，我哪知道仙女姐姐說韓文還是中文啊？我真的不想變長鼻子啦！」大姆哥不知道該如何跟仙女姐姐解釋，來證明他不是故意說謊不借媽媽護唇膏。

「那你講英文好了，比較國際化哈哈哈！」此刻的我跟一旁的同學們早已笑到不行。

很慶幸，我們母子倆都在這裡找到了相伴同行的朋友。

1　1. 我與大姆哥在駱山公園的插畫階梯上合照
2　2. 爬山野餐是我們秋季週末的固定行程

寶寶的兔寶寶

熙來攘往的地鐵站裡，電梯旁的小角落蜷曲著一個嬌小的身影。一位年約七十多歲的阿婆蹲在陰暗的角落中，躲避著警衛的驅趕。她用破爛的紙箱，裝著一窩剛出生的兔寶寶。雖然聽不太清楚阿婆說的內容，但從她顫抖的雙手，暗沉的皮膚，以及有氣無力的聲調，看得出來可能有幾餐沒吃飯了。

我們一群人剛結束今日的野餐行程，浩浩蕩蕩準備去吃晚餐時，巧遇了這樣的景象。大夥兒不約而同地停在阿婆面前，看著籃子裡各種黑的、白的、混色的兔寶寶，一邊玩弄這些可愛的小傢伙。

「牠們好可憐喔！」香港女孩 SKY 姐姐先出聲了。我心頭一驚，害怕大姆哥遇到同溫層女孩，也激發出太多不必要的同情心。正當我拉著大姆哥轉頭準備離開時……

「Lucas，牠們好可愛對不對？」SKY姐姐用充滿愛心的眼神望向大姆哥。

「嗯嗯，對啊！牠們好可憐，也好可愛喔！」點頭如搗蒜的大姆哥深怕我沒有讀懂他的內心戲。

「姐姐，我們可以養兔兔嗎？」SKY姐姐用三歲小孩的語氣，及充滿期待的眼神看著我並懇求著。

「不行！當然不行！」我想也沒想就直接拒絕了。因為一旦答應，就是災難的開始。

「你們知道要怎麼養兔子、餵兔子嗎？要清屎尿很麻煩的！」我試圖敘述災難狀況，以阻擋兩個童心未泯的孩子。

「紅蘿蔔啊！兔子不是都吃紅蘿蔔或青菜什麼的嗎？」大姆哥天真地回答。

「姐姐，我們也可以買飼料一起平分啊！飼料應該比較不麻煩吧！」SKY姐姐接著補充。

「不行就是不行！萬一死掉會很麻煩的，會長蛆欸！」我故作誇張地說。

「麻麻，我每天都自己一個人，沒人陪我玩很孤單。如果有兔兔，我就可以跟牠玩了！」大姆哥委屈地低頭呢喃。

「姐姐，我才十六歲就離鄉背井在國外獨自生活，我也好孤單。如果有兔兔陪我，每天回家就不會覺得那麼安靜，也可以有個說話的對象了。」SKY姐姐發自內心地吐露心聲。

我確實是很心疼她的，才十六歲小小年紀，就要獨自在異鄉面對這麼多事情，實在難為她了。兩姐弟看到我的態度稍微軟化後，不放棄地用撒嬌攻勢，不斷提到阿婆很可憐，趕快讓她賣完回家吃飯，並保證會好好照顧飼養。

那時我根本不知道兔子會長到跟迷你貴賓一樣大隻！一時心軟便給了阿婆兩隻兔子的錢，又另外塞了張五萬韓幣給阿婆吃飯，彷彿被兩姐弟催眠般，答應了這個災難的開始……

對大姆哥來說，兔寶寶確實成為他放學後的生活重心。大姆哥給牠取了「波露露」的名字，接下來的日子裡，吃飯、睡覺、逛街都抱著波露露。但對我而言，我從來不知道兔子會這麼頻繁地排泄，甚至邊跳邊解放，這對於有一定程度潔癖的我，真的是很崩潰的一件事！後來我只好學著與細菌共處，想成是一種因禍得福。

對任何事情的喜好，我不會有絕對的侷限，會抱持「嘗試」的心態，來面對各種未曾發生過的狀況。雖然我不是特別熱愛小動物，但兔子可以為大姆哥的生活帶來重心與託付，我自然便會試著去欣賞與面對養兔子的優缺點。很多事情試過以後，就會發現自己或許也沒有原先那麼排斥或喜歡。所以我認為所有事物都必須透過親身體驗才算數，別人給的結論不代表絕對的答案。

SKY 姐姐的兔子養了一個多月後，在一個月黑風高的晚上，兔子不小心把自己卡在紙箱上吊死了。因為放置在廁所裡，所以發現的時候已經斷氣了。SKY 姐姐為此哭了一晚，再也不敢亂養寵物了。

我們家的兔寶寶則是一天天以驚人無比的速度成長，我都懷疑養的是貓咪不是兔子了！由於手術後我需要每三個月回台灣做斷層掃描檢查，因此我們面臨了第一次的「托嬰」。因為這隻食量驚人的兔子，沒辦法自己待在家裡好好吃飼料，我擔心牠會一次將五天份的食物吃完，然後脹破肚皮撐死。

為了波露露我們認識了教會的姐姐，她是 SKY 姐姐在梨花大學的學伴，全家都是天主教徒，對於照顧這隻小動物有著義無反顧神的熱情。當我們將寵物籠子交到她手上時，她以為是一隻貓。由於波露露長得太好，食量也頗為驚人，能想像這一個星期在別人家寄宿折騰的畫面。因此我在台灣買了一些名產來做國民外交，以便答謝一個星期以來的照顧。接下來的日子，我除了遛小孩，還得遛兔子。

我每天的例行工作除了餵飽大姆哥，還得擔心波露露的健康狀況。不知道是不是當媽以後都很會餵養，這隻兔寶寶從來沒有生病過。還好波露露是小兔子，基本上只要大姆哥累了，牠也會跟著一起睡覺，就這樣一直活蹦亂跳直到我們學成歸國。

但波露露的體型實在太大了，因此我們要回國時，沒有任何同學願意接下照顧牠的責任，畢竟大家都只是短暫待個一年而已。原本我們打算直接將牠帶回台灣飼養，沒想到相關檢疫的手續流程複雜且費用高昂，時間太過倉促來不及申請，最後只好作罷。後來我們終於找到山上一個有花園的小戶人家，讓波露露回歸大自然生活。

寵物是人類很重要的心靈寄託，但飼養的同時也背負著對生命的責任。雖然大姆哥還處於似懂非懂的年紀，但當媽的還是要盡可能讓他明白生命的可貴。買寵物只是一筆小錢，但接下來是漫長的照顧與責任，甚至是牽掛。

透過養兔子的過程，大姆哥回到家會先關注小兔子的健康狀態與活動力；透過小兔子的排泄物，大姆哥知道環境整潔維護要更加頻繁；透過比大姆哥更需要被照顧的幼小寵物，讓他學著有責任感的去保護這隻小生命。

兔寶寶陪伴大姆哥度過了韓國寒冷的冬天，寶寶的兔寶寶也得到了完美的ending。

1. 大姆哥每天都跟波露露膩在一起
2. SKY 姐姐的兔子跟大姆哥的兔子

首爾的世界國際煙火節

「小妹，週末我們帶著小寶貝一起去漢江看煙火吧！」這是韓國一年一度的盛會——首爾世界國際煙火節。

每年十月初，在首爾汝矣島漢江公園都會舉辦聯合世界各地的煙火秀，這是一場結合63大廈多媒體燈光秀和雷射影像，融合燈光、音樂的重大慶典，許多韓國藝人與偶像團體也都會在此舉辦小型演唱會。一到這個時候，大部分韓國人與外國觀光客都會擠進汝矣島漢江一帶來參與這個饗宴，公園沿岸至少塞滿百萬個市民聚集在此地。對於第一次在國外看煙火的母子，非常納悶為什麼晚上七點才開始的煙火秀，需要中午就出發。

「姐姐，中午出發已經晚了，會占不到好位置的！」趙阿姨就讀高中的女兒珮媛有點焦慮地說，並不斷加快腳步，避免敗興而歸。

「麻麻，韓國的煙火跟 101 煙火是一樣的嗎？」大姆哥好奇地問。

「可能差不多吧！我也沒看過，我們待會好好看看才知道。」

搭上 5012 綠色公車抵達汝矣島公園站，映入眼簾的景象有點嚇人，人潮蜂擁而至，大家都是有備而來的。我們物色好絕佳位置後，愜意地鋪上帶來的野餐墊，擺上我包了一個早上的新鮮壽司、現切水果、餅乾，以及一壺熱茶，入境隨俗地躺在江邊的大草地上，融入人群當中。對於第一次在戶外野餐的母子倆，覺得格外新鮮有趣，不斷觀察大家的行頭與配備。不一會兒，大姆哥發現旁邊的韓國小女孩在玩球……

「麻麻，我也想玩球！」大姆哥充滿玩心卻又不敢主動前去搭訕。

「那你自己去跟那個妹妹說呀！告訴她你想要一起玩。」大姆哥害羞地搖搖頭，沮喪地望著隔壁小妹妹手中的球。

趁著這次機會，我特意鼓勵大姆哥多給自己認識新朋友的機會，讓他主動去跟韓國小孩交流。雖然語言不通，但透過各種肢體語言與面部表情，仍可以相互感受到情感與溝通目的。我想讓大姆哥知道，就算不會講韓文，也不能阻止他加入小朋友玩樂的行列。透過這樣的主動練習，才能跨出內心障礙的一步。

此時韓國小女孩似乎也觀察到大姆哥眼神中的渴望，大方前來，直率地舉起手中的小球，對著大姆哥用韓文說「一起玩吧」。這句韓文大姆哥聽得懂，於是他露出靦腆的笑容，開心地跟著小女孩一起去踢球了。他們就這樣一踢一丟地玩了一個下午，並分享著各自帶來的餅乾、零食。

語言差異並不是阻礙人與人交流的主要原因，而是看自己是否願意敞開心扉，嘗試和不同文化的人群交流。有很多限制其實都是畫地自限來的，許多人事物遠比我們想像的更寬廣，更有包容力。就像我們剛到韓國時，根本不會講韓文，但透過比手畫腳與肢體語言，還是受到了許多韓國人的幫助與關懷。

「麻麻，我肚子餓了。」接近傍晚時刻，大姆哥略顯疲態。距離煙火施放還有一個多小時，正當我煩惱著該如何走到幾里外的商店購買晚餐時，珮媛姐姐給了我們一個非常貼心的建議。

「姐姐，要不我們叫 pizza 外送吧？」珮媛姐姐說。

「外送？我們現在在草地上，該怎麼叫外送呢？」我充滿疑惑地問。

「姐姐，在韓國只要打一通外送電話，不論在家裡、操場、演唱會、海邊、山上或公園……就連只訂一杯咖啡也能送到！」珮媛姐姐露出驕傲的神情，津津樂道地說。

我跟大姆哥露出非常驚訝且難以置信的表情，懷疑珮媛姐姐是否在說大話。珮媛姐姐拿起手機撥了通電話，精準地形容周邊的地理環境與位置，在哪個明顯的標的物前、身穿什麼顏色的衣服、有幾個成員、距離江邊多少公尺……並把訂購者的特徵形容給外送人員。

果不其然，三十分鐘內熱騰騰的 pizza 就送到我們面前，隔壁的韓國家庭同時也點了炸雞、啤酒。這真是非常人性化的外送服務，滿足了到哪都能享受美食的樂趣。韓國的外送文化之所以強大，是因為符合了韓國人什麼事都要「快一點」的個性，也讓我佩服到懷疑這些外送店家是否還有利潤可言。我終於見識到為什麼韓國每年外送的商機，可以高達三千三百億台幣！

一邊享用著香噴噴的現烤 pizza，一邊聽著江邊的音樂和欣賞夕陽西下的美景，晚風徐徐吹來，已經能感受到冬天的到來了。這場結合義大利、中國、美國、韓國等國家的煙火秀，在晚上七點正式開始了。每個國家的煙火商竭盡所能地展現他們最美麗的煙花，融合自己國家的音樂，讓在場的人讚嘆不已。

煙火燦爛而短暫，美麗卻無法觸及，猶如夢想般脆弱和遙不可及。但我們都應該盡情揮灑青春，爆發出屬於自己最絢麗的一刻。儘管只是曇花一現，仍然璀璨又耀眼。

我們的 pizza 順利抵達

五坪的幸福

「學校附近有一間不錯的房子，你們是否有意願過去看看呢？」下午到幼稚園接大姆哥放學時，校長奶奶跟我們提到這件事。

我們母子倆擠在兩坪大的空間將近兩個月了，校長奶奶從大姆哥入學的第一天起，就覺得考試院的居住環境非常不適合小孩子發展。我也明白考試院的環境有多擁擠，所以這一個多月以來，不斷利用下課時間在學校附近尋找合適的房子。但通常不是價錢太高，就是在半地下室，一個既潮濕又悶熱的地下空間，永遠聽著別人的腳步聲，聞著各式各樣菸、酒、痰、垃圾混雜的氣味，飄散在唯一的窗邊。我們對於居住在地下室這樣的環境非常排斥，所以根本不列入考慮。

校長奶奶一直將這件事放在心上，並私下叮囑幼稚園的老師們，上下班時幫我們留意附近是否有合適的房子在出租。碰巧今天下午有一位老師經過一棟新大樓，發現外牆貼著「出租」的廣告布條，立刻請校長奶奶轉達給我們。

「嗯……但是我們的預算有限呢！」有點不好意思拒絕，又怕負擔不起的我支支吾吾地回答。

「妳放心吧！我們已經問過了，價錢跟你們現在住的落差不大喔！」校長奶奶露出理解且和藹的微笑。原來她在第一次詢問我們居住考試院的狀況時，便早已將所有細節都記在腦海中了！

「這間 oneroom 大部分都租給韓國本地人，費用不像學區附近那麼高昂。你們可以過去看看，環境看起來挺單純的。」

不動產大叔帶我們爬上五樓。整棟建築的房型規格都一致，只差在樓層，但因為沒有電梯，所以樓層越低，費用越高。整棟大樓採全自動化管理，輸入電子密碼才能進入，每間房門也是電子密碼鎖，相當方便。

「兒子，我們每天爬樓梯當運動好嗎?這樣可以省下不少錢呢！」我徵求大姆哥的同意，做好日後每天爬上爬下的準備。

「好啊！」大姆哥沒有考慮太多，覺得住哪一樓都一樣。

最後，我們承租了最高樓層的五樓，支付約十萬台幣的保證金，直接比其他樓層少了一半，因為若是要租四樓以下，需支付將近二十萬台幣的保證金。

我們租的房間有個大窗戶，早上陽光會照進來，視野非常良好。窗戶打開是一片傳統韓屋與歐式教堂，因為位在大馬路旁，所以不會被其他建築物遮擋。採光、通風都符合我們的期望，重點是看起來不像鬼屋，浴室沒有斑點、發霉，乾淨整齊可以直接入住，不需要再重新整理油漆。

首爾市 oneroom 的費用通常落在六十至八十五萬韓幣左右（約台幣一萬八千元至兩萬八千元），四十五萬韓幣（約台幣一萬五千元）的 oneroom 而且還是新大樓，簡直是天上掉下來的禮物！校長奶奶熱心地帶我們到不動產公司，親自協助我們完成看屋和後續簽約付款。

這間新房子的租金開價四十五萬韓幣，比我們原本租的考試院多五萬韓幣（約台幣一千五百元），其實已經非常物超所值了。但我還是抱持著有議價有機會的心態，想說省下來的錢可以讓大姆哥多吃一些營養的肉類和水果，便鼓起勇氣跟不動產大叔議價，希望他能以四十萬租金承租給我們。校長奶奶也加入了幫腔柔情攻勢，沒想到不動產大叔竟然真的同意讓我們以四十萬韓幣承租！就這樣，我們順利又意外地以相同租金，換了一間大小兩倍以上的新房子。

原來這才是教育的真正意義。校長奶奶顧慮到的不單只是白天的托育照顧，而是打從心底關心這位小小留學生的生活環境，甚至不厭其煩地犧牲自己的下班時間，親自陪我們去找房子和簽約。韓國的租屋合約常常有許多爭議和陷阱，校長奶奶幫我們一一過濾，劃掉了不合理的內容，與不動產大叔一來一往地協商，讓我們日後拿回保證金的權利不至於受損！在韓國如果沒看清楚租屋合約，常常會被沒收大筆的保證金，特別是留學生時常求助無門。

我們回考試院簡單收拾行李，搭上計程車，興奮地搬到新家。由兩坪大小換到五坪空間，母子倆都覺得好開心！雖然以台灣的居住環境來說，相對還是小很多，但幸福感是比較出來的，曾經苦過才能體會多一點點就能感到無比滿足。

在台灣時總是在父母的保護傘下，不會特別覺得擁有一個安全又穩定的家是件多偉大的事，因為打從出生就認為這是理所當然。但當我們離開家鄉，獨立在韓國生活後，才發現有一個屬於自己的空間並不是那麼容易。我們終於可以在房間裡走動、煮飯、睡覺、自在地翻身，講話不用刻意壓低音量，看電視也不怕吵到鄰居了。對我們來說，生活品質又向上提升了一點點。

在韓國的日子總是不斷受到意外的幫助。我們為了節省地熱電費，除了睡覺時間，平常一回到家只先用電熱毯來保暖。在 LG 專賣店購買電熱毯的時候，接待大叔得知我們母子倆相依為命地來韓國生活，便以單人電熱毯的價格再打八折，賣給我們雙人的電熱毯，還送上泡菜桶和一頓免費的韓牛晚餐。韓國的密封式泡菜桶通常一個都要超過千元台幣，但我們買了這些卻不到七百台幣，幾乎等同是送給我們了！

新家距離大姆哥的幼稚園是一個公車站的距離，我打算買一台腳踏車來接送大姆哥上下學。一到腳踏車店時，老闆得知我們要雙載上下課，非常語重心長且嚴肅地拒絕賣給我們。他說這條路上每年的車禍事故率都很高，特別是在下雪的季節，還有很多腳踏車雙載死亡的案件。他覺得把腳踏車賣給我們很可能會害了我們，因此不斷叮嚀不可以拿生命安全開玩笑，並教我們如何搭乘公車到想去的地方。就這樣，我們放棄了雙載的念頭，規規矩矩地走路搭公車上學。

在韓國的每一天，我時時刻刻感受到韓國人的熱情與善良。每一位出現在留學期間的陌生人，都像是天使般照顧著我們，讓我們避免更多危機。現在回頭看，儘管當初省下來的都是小錢，但對當時的我們來說，一分一毫都十分珍貴！

因為是自己堅持到韓國念書的，我的父母已經提前警告過我，告訴我如果錢花光了就得回台灣，他們不會支付任何費用。一方面是為了讓我自己學習承擔，另一方面則是他們本來就反對母子倆到韓國的計畫，所以希望我們馬上回家，以為斷了金援就是最好的辦法。但個性倔強的我，咬著牙也會撐完一年。

每一個不曾揮灑的日子，都是對生命的辜負。人生最遺憾的，莫過於輕易放棄不該放棄的，固執堅持不該堅持的。

我們的新家雖然只有五坪，但能擺脫考試院的種種侷限與不自由，對我們來說真的是一種釋放和解脫。擁有一個正常獨立空間的家，原來是那麼得來不易。跌跌撞撞卻又順利地走到這一步，讓我們更有目標繼續堅持下去。

「麻麻，我想煮說話湯！」大姆哥的靈感突然來了。

「什麼是說話湯啊？」我疑惑地問。

「我每天都有說不完的話要跟妳說啊！特別是睡覺前喔！」大姆哥閃爍的雙眼看起來一點也不是準備睡覺的狀態。

「那煮湯要幹嘛啊？」我不解地問。

「這樣我就可以把很多話煮掉再喝掉，然後再跟妳說更多更多的話啊！」

「你是不是不想睡覺啊小子！」

大姆哥最近讀到一本繪本《生氣湯》，故事大意是媽媽藉由煮湯的過程，化解小孩不知道該如何排解的情緒。把想生氣的情緒與怒火加到湯裡面，透過攪拌化解怒氣然後喝掉，就不會生氣了。

大姆哥則是發揮想像力，想煮一鍋可以一直跟媽媽說話的湯，最好能不要睡覺。大姆哥透過繪本的薰陶，學以致用地活用在生活中。以對繪本的理解，想像出這樣詼諧的場景，以為說話湯真的能讓自己有源源不絕的說話時間，來取代不想睡覺的時刻，很可愛也很真實！

五坪的小房間裡，塞滿了無限大的幸福。

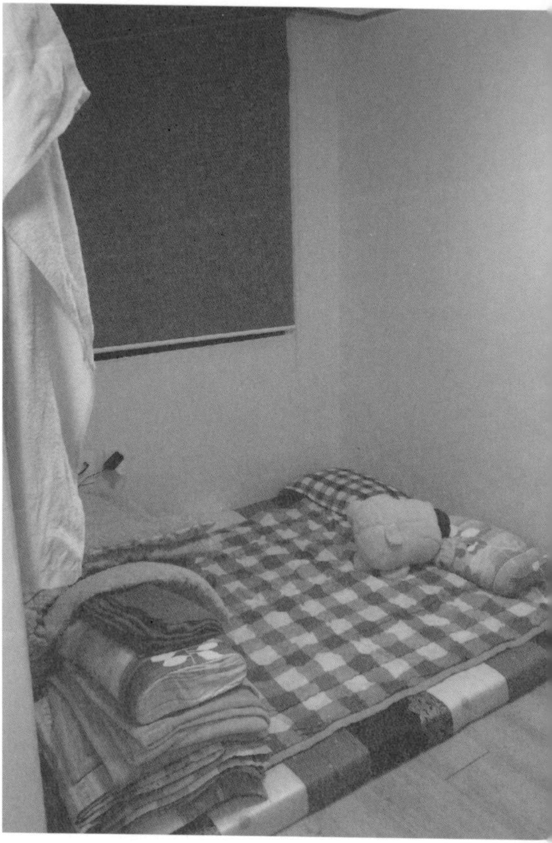
五坪左右的小房間

聽見下雪的聲音

大部分生長在台灣的人，除非遇到超級寒流，才有機會衝上高海拔的山去追雪，欣賞白雪皚皚的景象。但更多的機率是興致勃勃地開車塞了老半天，好不容易抵達山上時，卻發現只有一堆早在半夜降下的雪，堆積在路邊的小草、葉片上，或是剩下幾處像冰塊一樣的塊狀物體。由於平常很難遇到降雪的場景，因此台灣人普遍對「雪」都抱持著美好與浪漫的憧憬。

其實在韓國人心中雪也別具意義，特別是對「初雪」有相當程度的迷信與執著。下初雪時，許的願望會成真；跟心儀的人一起看初雪，就會在一起；初雪當天，一定要吃炸雞配啤酒；吃三次初雪，比較不會感冒。諸如此類的情感仰賴天氣，來象徵想要珍惜的人或想要完成的期許，成為可以一直延續期待與希望的指標。

二〇一二年韓國的初雪在十一月末降下，第一次看到雪的大姆哥好奇地問：「麻麻，樓上有人丟紙屑下來嗎？怎麼這麼多白白的東西？」

我還沒意識到初雪已悄悄落下，抬頭望向天空，興奮且期待地說：「孩子，這叫『下雪』！」

「雪是什麼？可以吃嗎？是外國電影裡地上白白的那個嗎？」大姆哥雙手捧著天空落下的雪花片，調皮地舔了舔，以為是可以吃的冰。

對於出生在台灣的三歲小男孩，對雪的認知只存在於聖誕卡片、電影場景裡的雪白背景與配色，或是刨冰機上落下的雪花冰，尚未真正身臨其境地待在下雪的國度裡。起初遇到降雪的場景，感覺好不真實。

自從下了第一場雪之後，韓國的氣溫急驟下降，幾乎每週都會來一場大雪。我們特地下載了天氣預報APP，每天晚上睡前的例行公事就是追雪，只是不準的機率超過六成。

「麻麻，上面出現雪花片的圖案就是那天會下雪嗎？」

「可能會吧！但也有可能顯示大太陽的那天卻下雪。」已經被天氣預報騙過很多次的我們，想要等下雪得靠運氣。

十二月的氣溫幾乎都低於零下十五度，放學後的梨花大學操場經常被大雪覆蓋，所有戶外球類運動都會取消，整個操場上沒有半個人影。籃球場上運球與傳球的聲音，PU跑道上練習田徑與賽跑的聲音，看台上啦啦隊的歡呼聲……全都隨著這場雪按下了暫停鍵。大地鋪上厚厚一層雪白的棉花，彷彿全世界都安靜下來了。

「麻麻，我們可以去操場玩一下嗎？」大姆哥刻意壓低聲量地問。他明白這種天氣在室外待太久容易感冒，更別說玩雪的過程中，雪遇上人體三十六度的體溫產生融化反應，會讓衣服很快濕掉，可能導致發燒住院；但大姆哥依舊無法抗拒這免費的玩雪場地，秉持著有問有機會的心態，慫恿我陪他一起玩雪。

「我們以後回台灣就沒有雪了呀！我答應妳會馬上把雪拍掉，不讓它跑進衣服、褲子裡面！」「我待會做一個小雪人送妳！」「我們玩十分鐘就好，妳說回家我們就回家，我不會跑給妳追的。」大姆哥的心思十分細膩，知道怎麼講關鍵字才能引起媽媽的共鳴。

「就只能玩十分鐘喔。」我最終還是被大姆哥說服了。

看著大姆哥開心玩雪的背影與發自內心的尖叫聲，我感受到他真的很高興。此刻的我，不用為了生計忙著賺錢，也不用為了照顧家人趕回家煮飯；而大姆哥也沒有課業壓力的負擔，不需要擔心萬一身體不適耽誤了學習。此時此刻，是我們最珍貴也最富有的時期，有完整時間可以陪在彼此身旁，不需要支付昂貴的遊樂園門票，就可以享受如此華麗且讓人驚嘆的場景。

現在的我們是允許一點小小的感冒，允許漫無目的地消耗時間，這個時候我們最大的本錢就是「時光」。回台灣後確實無法這麼任性地待在雪地裡享受了，現在的感受，對未來的我們來說都會是奢侈的回憶。所以我們得用力玩，深刻體驗任何不想錯過的事情。

玩雪球、堆雪人、打雪仗最好的時間點，其實是半夜下雪後的隔天早上。第二天的雪硬度跟濕度是最剛好的，這時雪的蓬鬆度加上稍微固態的手感，不論什麼造型都能很輕易地捏出。不要說是小孩子了，連大人都無法抗拒一團團白雪的誘惑。

踩著軟綿綿大片棉花糖似的雪，大姆哥會發出興奮且高昂的驚嘆聲，有時會故意撲倒在雪堆中，有時會舔一舔冰冷的雪。每一處的積雪隨著厚度、濕度、硬度的不同，能玩的項目也不同。

有些積雪較多、較厚的路段，適合用力跳進去，感受被滿滿白雪包覆的感覺。但不能待太久，因為如果雪掉進衣服裡面，接觸到體溫的瞬間就會融化變成水。那種冰冷刺骨的觸感，絕對讓你不會想多待一刻。

有些雪的濕度跟硬度恰好可以捏成雪球，這時我們就會瘋狂地捏一大堆雪球，比賽彼此攻擊的速度。這時候的雪一碰到撞擊就會散掉，打起來比較不痛，可以避免有人紅腫受傷或玩到翻臉的情況。

有些有硬度的雪球，像是傳統刨冰的粗顆粒狀，非常適合拿來發洩。我們會捏出一顆顆棒球大小的雪球，朝著沒有人的牆壁丟過去。雪球撞擊牆壁後炸開的聲音，意外的十分紓壓。

下雪時的聲音是窸窸窣窣的，很像雨滴之間摩擦的聲音，卻又沒有大雨滂沱時落在地面的吵雜聲。剛落下的雪花會吸收聲波，讓整個城市在一陣忙碌與雜亂後顯得平淡寧靜，所以每當下大雪的時候，心情總是特別祥和。雪融化後再結成冰，這些冰塊會反射聲波，讓聲音傳播得更遠更清晰，待在家中便能聽到沙塵橋上「碰碰碰」的連續撞擊聲，就知道又有車子失控打滑了！

融雪時的氣溫是最冷的，特別是雪被來來回回踐踏、輾壓之後，呈現灰黑硬塊狀。這些融化後的雪變成黏在地上的冰，特別容易讓人滑倒，有時連行走在直行路段上，都有可能整個人噴飛出去。假日時我們母子倆總是期待下大雪，因為這樣就可以盡情地沉浸在下雪的氛圍中。冬季沒有太多的休閒活動，但光是「下雪」這件事，就讓我們怎麼玩都玩不膩了。

「噓！麻麻，妳聽，是下雪的聲音。」在下雪的國度裡，練就了耳朵的敏銳度，大姆哥聽見雪落下的聲音。

大姆哥刻意放慢腳步享受踩雪的過程

成果發表會

「今天的你又比昨天長大一點點喔！」今天上學時我不由自主對大姆哥說了這句話。

時間的消逝往往比想像中更快，轉眼間大姆哥在韓國的第一個學期已經進入尾聲。如同大部分國家一樣，每學期結束後，幼稚園例行會舉辦一場成果發表會。對小小孩而言，統整學習歷程，展現各方面的學習成果，藉由上台表演來增進成就感與自信心，是幼兒教育中不可或缺的一環。

台上有不同年紀的幼童可以相互觀摩，透過哥哥姐姐們熟練的表演，讓弟弟妹妹們對學習充滿期待。這場成果發表會正好在聖誕節前夕，學校提前一個星期偷偷交代每位家長，一定要準備一個禮物放在學校，當天會由聖誕老公公發給每位小朋友。

「千萬不能忘記唷！否則在台上的孩子會很失望的。」校長奶奶不斷叮嚀我一定要記得提前購買小孩的聖誕禮物。

對於所有時間都綁在一起的我們，偷偷準備禮物這項任務確實有點困難。事前我透過各種明示、暗示，來詢問大姆哥最想要的聖誕禮物是什麼。假日時我特地帶大姆哥到東大門玩具批發市場逛逛，看到滿山滿谷的玩具，大姆哥陷入了選擇障礙，不知道自己最想要什麼。時間越接近，我心裡越緊張，大姆哥想要的玩具究竟是什麼？媽媽也猜不透。

「麻麻，我想要打棒球。」星期日一大早醒來，大姆哥突然對我說了這一個願望。

趁著大姆哥去上課時，我專程搭著來回一小時的公車，偷偷買了一組棒球球具組，還特意包上精美的包裝紙，趕在下課前送到幼稚園辦公室藏好，總算完成聖誕任務了。原來那天在批發市場裡，大姆哥早已有幾個玩具選項在猶豫，他自己也思索了幾天才有答案。

媽媽不該幫小孩做選擇，因此當下我只是儘量引導他可能需要的東西。譬如，韓國常常下雪，是否需要一雙新的雪靴？又或者每天帶便當，是否想換一個可愛的便當盒？我提醒大姆哥各種生活中他可能遺漏的細節，幫助他思考自己的需求是什麼！經過大姆哥小腦袋考慮後的決定，不論好與壞都由他自己承擔，不讓他有藉口怪罪其他人影響他的選擇。

成果發表會當天，我與語學堂上最迷戀大姆哥的SKY姐姐一同前去觀摩。看著台上換上各種表演服裝的大姆哥，一出場就一直抿著嘴，可以感受到他內心的緊張與不安。透過局部緊繃的肢體動作來舒緩內心的怯場，三歲的大姆哥面無表情地跳著指導老師們精心編排的舞蹈，盡可能有規律地跟上音樂的節拍。有其他小小孩直接坐在台上大哭了起來，那麼小年紀要面對整個表演廳的觀眾們，的確需要很大的勇氣。別說小孩了，就連要我們大人站在台上講話，手心都可能一直發抖到出汗了。

韓國是一個很重視早期特殊技能教育的國家，大部分家長們都把兒女的教育當成一生最重要的職責，從小培養孩子以第一志願為人生目標。這樣的氛圍，華僑幼稚園沒有韓國當地幼稚園那麼強烈。畢竟我們是抱持著體驗韓國生活的心態，我只希望大姆哥開心度過，至於學習或作品功課，我並沒有要求他一定要跟上進度或有什麼驚人表現。因為我自己也不是那麼認真的學生，更不可能對僅僅三歲的大姆哥，揠苗助長的期望他能在台上單獨演講或唱歌表演。

今天純粹前來為大姆哥鼓鼓掌，他克服了我對他的擔心，適應不同環境的改變，早熟地讓自己努力融入韓國當地模式，適應力好到連我都必須提醒自己要跟上他的腳步。表演終於告一段落，到了聖誕老公公發禮物的時間，這應該是在場每一位小朋友最期待的部分。大姆哥一拆開禮物看到是棒球組，馬上就猜到是我送的了！

「麻麻，這個妳什麼時候去買的？」大姆哥鎮定地問著。因為他很熟悉我的作息，知道我能彈性運用的時間有限，不太可能獨自去買禮物。

「這是聖誕老公公給你的啦！」我還在演戲，希望大姆哥相信真的有聖誕老公公存在。

「這就是妳買的！」大姆哥並沒有被我糊弄過去。

「我們趕快回家打球吧！」故意扯開焦點的我起身帶著大姆哥準備離開。

「麻麻，我們家沒辦法打棒球，我們要去哪裡練習啊？」大姆哥對於新玩具躍躍欲試。

「到處都是我們的打擊練習場啊！」我望著外面正飄起的大雪興奮地回答他。

我們跟 SKY 姐姐拿著包有軟墊設計的安全球棒與棒球，隨意找了一個空曠的巷弄直接開始打球。棒球掉到鬆軟的雪地中，形成一顆顆圓形的痕跡，看起來特別療癒。那個下午，只聽到大姆哥充滿歡樂的聲音，還有媽媽和 SKY 姐姐的笑聲。

大自然就是最好的練習場所，不要刻意侷限自己，才能發揮所有可能性！有誰規定牛排只能在牛排館裡吃，我們也可以去超市買回家，自己擺盤烹煮料理；有誰規定打棒球只能去棒球場，只要找個人煙稀少、不危險、不會破壞建築物或影響別人出入的巷弄，處處都是我們遊戲的地方。

白雪紛紛的大地淨化了旅人們內心的焦慮與不安，讓大家停下來好好觀賞這個美麗的城市。一場幼稚園成果發表會，代表我們母子順利完成一個小階段的里程，這對我們來說是個不平凡的平凡日常。

1　1. 準備打棒球的大姆哥
2　2. 成果發表會中小鴨造型的大姆哥

聖誕下雪夜

佇立在首爾市中心的辦公大樓，在晚上八、九點之後燈火漸暗，街道上、地鐵裡簇擁著歸心似箭的學生與上班族們。對比此時此刻東大門市場裡人聲鼎沸、燈火通明，才正要開始活絡起來。

韓國一反全球化跨國分工的潮流，小小的東大門商圈保留了設計、品牌、製造、銷售通路的完整產業鏈。圍繞著東大門歷史文化公園站方圓不到三平方公里，聚集了超過三萬個商家，六十萬個從業人員。因為產業鏈完整又集中，讓東大門可以不斷推陳出新，因應潮流變動，使韓國成為亞洲最有競爭力的成衣王國。每天有三十萬人次造訪東大門，創造出十二億台幣的業績，年產值約四千四百億台幣，相當於台灣紡織業整年的產值。

韓國批發市場有個特色，就是在半夜營業。為了配合各地做生意的老闆們，韓國的市場分成白天的零售市場，以及半夜的批發市場。正因為這個特性，讓我可以繼續在韓國代購各種流行性商品給台灣的客人們。

來韓國念書之前，我是在傳統市場內販賣韓國童裝的小店家。因為大姆哥的九頭身比例與長腿，讓他從小就開始賺取自己的治裝費與生活費。許多小小客人的媽媽都是看到大姆哥的穿搭照而購買，因此培養了一群忠實且穩固的主顧客。

聖誕夜前夕不用上課，剛好是我們的追貨時間。我們一早便前往東大門玩具批發市場尋寶，物色新奇有趣的玩意兒，給跟大姆哥年齡相仿的顧客們挑選。他們有的需要餐具，有的需要睡袋，有的需要零食餅乾，有的需要新鞋、新衣服。為了滿足各種消費者的需求，以及充分了解產品的特性與功能，大姆哥常常扮演試用者的角色，以便增加商品的說服力與心得分享。

透過大姆哥的親身體驗，提高了商品銷售的機率。與其說是我賺錢養他，不如說是他與生俱來的九頭身比例，以及高度配合拍照，解決了他從小到大的治裝費，並協助我在同行的商品競爭上，能更有優勢地展現商品特色與價值。

批完貨以後，我們立即前往特色咖啡廳、公園、商場……拍攝商品穿搭照，任何可以讓照片拍起來好看的場地，都是我們駐足的地點。大姆哥負責擔任商品穿搭照的小小模特兒，好幾次因為趕在第一時間上架新貨，大姆哥都拍到一把鼻涕一把眼淚，累到瀕臨崩潰邊緣。但看著外拍袋中尚未拍完的衣服，大姆哥會擦一擦眼淚，有責任感地問：「麻麻，我們可以吃個甜點之後再把衣服拍完嗎？」他委屈的盡全力協助我，希望能完成拍攝工作。

「當然可以啊！你這麼辛苦幫麻麻拍照，想吃什麼甜點都可以！」我不忍心地看著眼前的大姆哥。

早上玩具批發市場，下午配件市場，半夜服裝批發市場，一連串的追貨常常連大人都精疲力盡。但大姆哥總會陪我完成這些任務之後，再前往咖啡廳乖乖配合拍照，真的讓我感到非常欣慰。

在韓國的咖啡廳與任何公用場地拍照，都是需要事先申請並支付費用的。但不曉得是不是我們真的特別幸運，許多店家都讓我們免費使用場地進行拍攝，甚至有時候遇到韓國當地的媽媽們，還會前來詢問是否能購買大姆哥身上的新款！

「兒子，今天是聖誕節，我們晚上就不工作了好嗎？麻麻帶你去過聖誕節。」提早完成所有的拍照工作後，我空出晚上的時間來慰勞自己與大姆哥，讓母子倆可以稍微喘口氣，好好度過第一個在國外的聖誕節。

「麻麻，我好希望今天可以下雪喔！在國外聖誕節不是都會下雪嗎？」大姆哥腦海中國外聖誕節下雪的畫面，讓他對雪景氛圍充滿期待。

「你這麼認真懂事地幫麻麻完成工作，我覺得今晚一定會下雪的，我們祈禱一下！」看著手機中的天氣預測，今天的溼度夠，雪是一定會下的，只是不知道幾點鐘。

聖誕節時韓國人喜歡三五好友聚在一起吃pizza，街道上每個店家都會播平安歌曲與聖歌，「雪景」更是這個節日的重點。晚餐過後，零下十多度的首爾市，讓我也不自覺的開始期待降雪。我們母子倆特意選了咖啡廳裡靠窗的座位，一邊取暖，一邊感受聖誕節的溫馨氣氛。我點了一整套的聖誕特餐甜點，來滿足大姆哥的口慾。

「大姆哥啊！謝謝你陪麻麻來韓國念書之外還要幫忙工作！很辛苦對不對？」我突然感慨地對著大姆哥告白。

「是有一點點啦！但這裡會下雪，每天出門可以踩雪、玩雪球，我覺得很好玩！」天真的大姆哥安撫了我有一點點愧疚的心靈。

「麻麻，妳看，下雪了！」母子倆同時看到窗外的白雪飄了下來。

「聖誕節快樂！」母子倆異口同聲地對望並彼此祝福。

還好，我生了一個貼心的小男孩。這是我們的聖誕下雪夜，天氣很冷很冷，心裡卻很暖很暖。

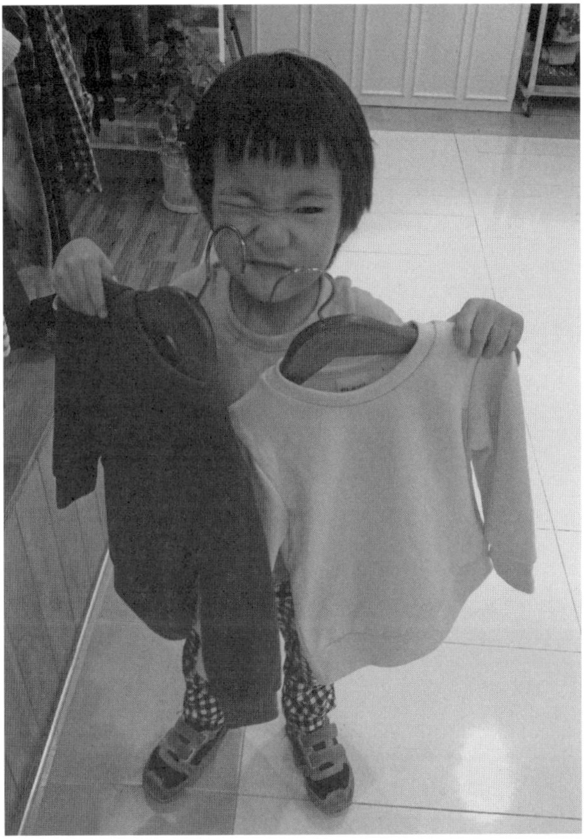

韓國童裝特色商品拍攝中

第三章
極地考驗

辣是一種痛覺

韓國地處高緯度地區，因為冬季嚴寒而導致新鮮蔬菜匱乏。古時候由於農業種植技術較不發達，為了確保漫長的冬天有蔬菜可以食用，因此衍生出各式各樣的醃製泡菜。儘管現在已經有許多溫室栽培的蔬菜了，但「泡菜」已成為韓國飯桌上不可或缺的配菜之一。

韓國人會因季節變化而製作不同口味的泡菜，特別是冬天會有白菜泡菜、蘿蔔泡菜、水漬泡菜，以及吃炸雞時附贈的泡在水裡的清爽酸蘿蔔。韓國泡菜以大量辣椒、蒜頭來代替鹽巴，是一種低卡路里、低膽固醇的食物，營養價值之所以很高，是因為發酵時所產生的乳酸菌和維生素。因此韓國的小朋友從很小的時候就開始練習吃泡菜，一來是能幫助消化，二來是辣椒可以增進食慾及禦寒。

每天語學堂放學後再到幼稚園接大姆哥通常都下午兩點了，大姆哥雖然已經在學校簡單吃過午飯，但通常還會跟著我再吃一次。因為在幼稚園裡，大姆哥害怕耽誤老師規定的作息時間，不敢吃太多，沒辦法放鬆地吃午餐。所以他都很期待在下午兩點，跟我和同學們一起去食堂覓食。

大姆哥來韓國前連些微的胡椒粉都會嗆到狂打噴嚏，因此泡菜辣的程度對他來說是五顆星等級。但韓國料理除了炸雞、飯捲、湯飯、魚板烏龍麵之外，八成以上都是辣的。已經連續吃了幾個月的重複料理，大姆哥開始感到厭倦。

「麻麻，妳的拌飯會很辣嗎？」看著我點的紅通通韓式泡菜拌飯，似乎勾起了大姆哥的食慾。

「我覺得不辣，但我不確定你能不能接受？」我正大快朵頤地享用盤中美食。

「我也想吃一口看看！」大姆哥盯著我碗中的食物，想試試又害怕地猶豫不決。

「辣本身是一種痛覺，練習一點一點去適應它，漸漸就不會怕了啦！」我一邊吃著好吃的韓式拌飯，一邊說服大姆哥。大姆哥看著隔壁桌年紀比自己更小的小小孩，已經一口泡菜一口白飯，更加想要挑戰「辣」這個飲食文化。

「麻麻，泡菜酸酸鹹鹹的，加在湯麵裡好像不難吃呢！」大姆哥找到了泡菜的經典吃法。

接下來的日子，大姆哥已經可以自己吃完一碗泡菜海鮮拉麵了，我們的餐廳選擇也不再那麼侷限，可以盡情享用韓國美食，體驗道地料理。雖然過程中他常常辣到鼻涕眼淚直流，一邊配著香蕉牛奶解辣一邊品嘗，但仍然覺得辣得很過癮，無形中也增加不少食慾及禦寒的熱量。

「感受」本來就是一種自我承擔的能力，需要透過不斷測試與磨練，才能知道自己有無限的可能。就像我當時決定獨自帶著大姆哥到韓國生活，其他人都因為風險太高而反對時，我自己承擔了後面一連串的考驗與挑戰，也平平安安走到了今天。況且每個人的感覺是不同的，不該由別人來告訴你任何事情的感受，一定要自己嘗試，才能得到自己的答案。

辣是一種痛覺，忍著忍著，就能承受更深層的感受了。生活中的考驗與失敗，都會讓人陷入自我懷疑與焦慮的情緒當中，但透過一次次自我體驗的過程，才能慢慢找到適合的軌跡。「認識自己」本身就是跌跌撞撞的路途，遇過的事情越多，能忍受的打擊與承受力相對就會提升許多。

比起一帆風順的乏味生活，練習受傷與忍耐反而讓人生更有滋味。藉由讓大姆哥嘗試吃辣的食物，幫助他走出舒適圈，透過這種日常練習，培養他接受各種事物的衝擊與挑戰。

不辣的魚板是大姆哥每天必吃的食物

轉學生

轉眼間一個學期又過去了，大姆哥已經能大略聽懂簡單的韓文對話。為了讓他更深入體驗韓國生活，以及期望他能適應環境變動，調整心理素質來面對各種不確定的挑戰，按照原先計畫，第二季將讓他轉到韓國當地的幼稚園就讀。

我擔心大姆哥無法接受這樣的改變，因此在第一季時就不斷鼓勵他，要他多學習口說與聽力，這樣才能在韓國幼稚園裡跟大家溝通。但這意味著他又要面對全新的學習環境，我不太確定他是否能克服，因此在學期結束前，最後一次徵求大姆哥的意見。

新延幼稚園是一所道地的韓國幼稚園，位於梨花大學校門口旁邊，比原本的華僑幼稚園離我的學校還近。學期結束之前，我已事先過去跟校長聊聊我們的現狀，校長也爽快地答應讓大姆哥入學，順道解釋了他們的教學理念與課程重心。學校在軟硬體方面都比華僑幼稚園更講究與新穎，還有不少校外教學課程。在創意性培養、道德雕塑、社會關係、藝術體驗、思想溝通等層面上皆平均發展，是一所全方位的幼稚園。

韓國跟許多先進國家相同，都非常重視學齡前教育。為了訓練孩子，會有不少上台表演與校外體驗的課程，對於早期特殊技能教育也格外重視。若是轉到這裡就讀，我們每天將多出三十分鐘的睡眠時間，心理層面上大姆哥也能比較有安全感，畢竟若發生什麼事，我就在隔壁上課，十分鐘內可以趕到學校。

雖然學費較華僑幼稚園高一些，卻省下了通勤時間與交通費用，權衡之下是可以負擔的範圍。因為我們是外國人，所以收費標準跟韓國人不同，學費是按月計算的，每個月四十三萬韓幣（大約台幣一萬五千元），註冊費、餐費、校外教學費用則是另外計算，大概都幾千塊台幣左右。按月繳交學費可以隨時停止或繼續，算是給外國人很大的彈性和空間。

分析了相對的利與弊，大姆哥最終同意轉學到新學校就讀。告別了他好不容易熟稔的舊同學們，他帶著忐忑不安的心情前往新的學習環境。

「兒子，下課的時候班上同學會跟你玩嗎？」剛轉學的第一個星期，我幾乎天天問相同的問題。

「嗯，但我都不想跟他們說話，我也聽不懂。」大姆哥回答。

「那會有小朋友欺負你嗎？」雖然知道年紀這麼小，不太可能出現霸凌的狀況，但我難免擔心的多問一句。

「不會啊，他們常常約我去溜滑梯。除了這樣以外，我大部分時間都在等妳來接我。」

「麻麻，妳知道老蘇是什麼嗎？」大姆哥突然轉移話題。

「是你同學的名字還是什麼？」

「才不是勒！哪個韓國小朋友會叫老蘇。是선생님（韓文的「老師」）！」

「你幹嘛突然台灣國語啦！」我被逗得哈哈大笑，緩解了原本擔心的情緒。

大姆哥不習慣太過嚴肅的話題，總是能傻裡傻氣地說出一些幽默的話來逗我。看得出來他在全韓文環境下的不安與緊張，但他真的很努力，也默默在自我調整與適應。

我跟大姆哥的幽默感源自於我的父親，也就是大姆哥的外公。我的父親從來不會抱怨任何事情，對所有人事物總是抱持著善良的認知，就算吃虧也會以詼諧的方式自嘲，不記仇的以德報怨，是大家眼中的大好人代表。面對再糟的情況，他總是能憑藉自己的幽默感與心態化險為夷、逢凶化吉。我們母子倆在耳濡目染下，對事物的容忍度也變得更加廣闊與彈性。

大姆哥是學校裡唯一的外國學生，所以班上同學都對他十分好奇。剛去上課的前幾天，天天都有較熱情活潑的小朋友們主動前來跟大姆哥聊天，雖然聽不懂，但肢體語言可以解決大部分的問題。大姆哥屬於較慢熟的孩子，對於陌生環境他會表現的格外冷靜與自律，其實是在掩飾內心的不安。

雖然對於三歲小孩而言，應該給予他穩定的學習環境，不該有這樣劇烈的變動。但對於單親的孩子而言，提早讓他適應各種環境變遷，學習調整不舒服或衝擊的心情，增加自我對話的機會，對他的未來或多或少都會有所影響。

我不確定這樣的壓力對大姆哥是否有好的幫助，但我們嘗試在脫離舒適圈後，努力適應自給自足的生存環境。面對沒有任何後盾與親友的協助之下，「我們母子倆該如何獨立生活」對我而言其實是相對更大的考驗，也是必經的過程，畢竟我們始終需要靠自己的力量成長。「轉學」雖然只是一些簡單的轉換程序，但對於我們母子來說，卻是心境與壓力程度上的大轉折；這也埋下了大姆哥日後情緒爆發、情感崩潰的小種子。

韓國幼稚園的校外教學

滾雪球

韓國的天氣一天比一天冷，最近已經來到零下十五度了，隨時都會突然降下一場大雪，阻礙交通與增加上學的困難度。

我常常在半夜聽到一聲巨響，就知道又有車子因為下雪打滑而撞上分隔島了。好險當初腳踏車店的老闆堅持不賣給我們，因為這附近的交通幹道上，冬天的事故率真的很高。在這個季節，路上總會有許多救援車在一旁待命，通常大雪開始不到十分鐘，救援車就會派上用場了。

新延幼稚園位於四十五度角的半山腰上，每當下雪時，就會看到一堆準備上學、上班的人在山坡上跌倒，然後像溜滑梯一樣滑下來，摔得哀聲連連。特別是降雪前與融雪後的天氣是最冷的，冷到無法讓任何一吋肌膚接觸到空氣，人的行動也會變得非常緩慢，整個冬天幾乎都是我抱著大姆哥爬上小山坡到學校的。大姆哥無法在下雪過後自己爬上坡，因為雪地太滑了，只能靠著我一步步攙扶旁邊店家大門的手把，或是仰賴任何可以支撐我們前進的欄杆、垃圾桶等等。

下大雪後的隔天，柏油路上的殘雪往往又濕又厚，一個不留神，隨時都會摔個四腳朝天。尤其是放學回家必經的魔王斜坡，真的很常上演在路上「溜滑梯」的悲劇。

儘管如此，我跟大姆哥還是非常喜歡下雪。我們常常待在家裡打開窗戶，望著外面大雪紛飛，樹枝、地面、車頂、教堂從五彩的顏色慢慢被白雪覆蓋，變成一片白雪皚皚、霧茫茫的景象。我們讚嘆自己如此幸運，可以欣賞這如詩如畫的美景。

整個冬天我們玩不膩的樂趣就是出門踩雪地、堆雪人、打雪仗、丟雪牆。即使冷到動彈不得，鼻子、耳朵都失去知覺，我們還是願意花一些時間待在外面玩。大姆哥體會到雪球真的可以越滾越大的樂趣後，從此每天放學都會到梨花大學的籃球場滾雪球、堆雪人。我們會堆出不同造型的雪人，挑戰滾出比路邊更大顆的雪球。大部分韓國人不會傻到這個時候還待在室外，因為天氣凍到讓人所有的感官知覺都喪失功能，所以整個籃球場就是我們的遊樂場，沒有人會來打擾。

有時候因為雪太大，無法再多走一步路到梨花大學的籃球場。我們就會就近到新延幼稚園的頂樓，做好一顆顆雪球往大大的牆面丟去，這對於釋放壓力有很大的療癒效果。重點是這樣的親子娛樂不需要花錢，都是免費的！

「麻麻，妳想要一個小雪人嗎？我可以做給妳喔！」大姆哥興奮的語氣中伴隨著幾聲咳嗽。

「好啊，做好以後我們一起跟他們拍照。」當下我不以為意地回答大姆哥。

傍晚回到家後，大姆哥的咳嗽越來越嚴重，我才意識到他感冒了。住家附近兩站的公車站外有一家小診所，步行需要三十分鐘，我不敢大意立即帶著大姆哥搭上公車去看醫生。在台灣時大姆哥曾經有發燒引發熱性痙攣的經驗，當時全家大小驚慌開車前往急診的畫面使我心有餘悸，擔心著大姆哥的體溫狀況。

連續幾天，大姆哥的感冒起起伏伏，到附近診所做蒸汽治療後才穩定一些。醫生叮嚀我們不能長時間待在室外，以免大姆哥再受到風寒。因此這整個星期我們很克制的不再繼續與雪同樂，殊不知大姆哥的身體承受力，已如滾雪球般漸漸達到最高峰。我還以為病情在掌握之中，沒想到等待我們的卻是驚慌失措的挑戰……

大姆哥滾出一顆大雪球

十一點四十分

三到四歲是小朋友最喜歡律動和表演的階段，自從搬家後家裡的空間變大了，大姆哥每天都會看著 YouTube 頻道，播放韓國洗腦神曲 PSY 的《江南 Style》和周杰倫的《超人不會飛》，邊唱邊跳。

大姆哥會集中火力，全神貫注在副歌的騎馬舞上，腳步踩得鏗鏘有力，搞笑逗趣地發明各種不同的表情跟舞步，來度過我煮晚飯的空檔。充滿表演慾望的大姆哥，台下只有波露露和我兩位觀眾，儘管如此，他仍然竭盡全力跳出今天的心情與創作。心情好的時候，大姆哥會全身脫光光跳舞，家中有暖氣所以不至於覺得冷，他忽上忽下地跳來跳去，甚至會要求錄影給台灣的家人們觀賞。

換上另一首《超人不會飛》時，大姆哥會把所有棉被疊到最高，做出高低落差，並將帽子反戴，比出小超人的招牌動作，然後帥氣地旋轉跳下來，做一個完美結束的動作後才肯好好吃晚餐。就連這幾天感冒小發燒時，大姆哥的活動力與精神依然不減，讓人很容易因此鬆懈而忽略了病情。

冬天幼稚園裡的小朋友最容易感冒了，一個好了就換另一個，一直交叉傳染直到春天來臨。十二月末的韓國實在太冷了，每一次呼吸都像一把刀插進肺裡，失去所有知覺。為了以防萬一，放學後我們特地再去診所一趟做蒸氣治療，雖然大姆哥已經不咳嗽了，但還依稀有些鼻涕。下午從診所做完治療回家後，大姆哥就一直昏昏欲睡，看上去眼神呆滯且不斷放空，也不再唱唱跳跳。

「麻麻，我好冷喔！」午休後大姆哥從棉被探出頭來，有氣無力地呢喃一句。

我替大姆哥多蓋上一條毯子時，發覺他的手腳異常冰冷，像冰塊一般，顫抖的身體失去了平常的活力與好動。我擔心的事還是發生了，拿出耳溫槍一量——三十八點五度！我趕緊塞了顆退燒塞劑到大姆哥的小屁股，希望可以讓他的溫度不要再繼續攀升。幾個小時後，大姆哥的體溫稍微降下來一些且全身出汗，我幫他褪去多餘的毛毯後，趕緊替他換上乾淨的衣物，以免溼透的上衣再次引起發燒。

「麻麻，我肚子餓了！」晚上九點，大姆哥終於醒過來了。我依然不敢掉以輕心，端出早已放在電鍋裡的粥，但大姆哥只吃兩三口就沒有胃口了。

「我只是很想睡覺，妳不用擔心啦！」說不到幾句話，大姆哥又躲回棉被裡休息了。看得出來他真的很不舒服，但為了讓我安心，所以勉強爬起來安慰我。

面對這種心思細膩的孩子，反而需要更敏銳的觀察力，不能鬆懈或大意，要透過觀察來反覆確認他的病情是否真的穩定。整個晚上我什麼事也不敢做，陪著大姆哥一起窩在棉被裡休息。時不時替他量耳溫、補充水分，他的體溫大致上都維持在三十七至三十八度中間。睡夢中我不放心地握著大姆哥的小手，睡一睡卻忽然被冰冷的觸感給驚醒，怎麼大姆哥的手腳又突然變冰了呢？

下午的退燒塞劑已經過了藥效，為了避免太密集使用造成體溫過低，醫生叮囑我需要等待四個小時後才能再次使用。因此我只能暫時先讓大姆哥吃一包退燒藥，再趕緊拿熱毛巾來幫他擦拭身體。

一個小時過後，大姆哥的溫度一步步攀升，已經燒到三十九點五度了！晚上十一點，我塞了第二顆退燒塞劑。過不到三十分鐘，大姆哥突然開始全身抽搐。雖然在台灣他也曾發生過熱痙攣，但這次的發作時間比之前多了好幾秒，超出大姆哥身體能負荷的程度，導致他眼睛倒吊、口吐白沫。

「大姆哥！你不要嚇媽媽，你聽得到我說話嗎？」我被眼前的景象嚇到不知所措，不斷呼喊著大姆哥的名字。但他早已失去意識，聽不見我的聲音了。

這短短幾分鐘空氣瞬間凝結，安靜到我能聽見自己心臟跳動和窗外雪飄下的聲音。抽搐後幾秒的時間，大姆哥哭了幾聲就昏過去了。我的腦子無法思考，只記得以前在台灣時醫生曾經說過，如果發生痙攣當下別移動孩子，注意他的舌頭不要咬到，等放電過後立即送醫。

趙阿姨家在三十分鐘路程之外，來不及請他們開車載我們去醫院；但我沒有交通工具，同學們離我們家更是遙遠。此時此刻我突然覺得孤立無援，不知道該如何是好。霎那間有個聲音出現，提醒我不能慌張害怕，因為大姆哥還等著我的急救呢！

我下意識拿起了手機、皮夾，並用棉被包裹著大姆哥之後將他緩緩抱起，避免他再次受寒，便立刻衝出家門。大姆哥現在的體重已經有十五公斤了，平常上下樓梯都是他自己步行，我從沒想過自己有這麼大的力氣，能抱著一個十五公斤的小孩從五樓高的樓層跑下來。

這些轉彎又轉彎的階梯，每一層對我來說都是阻礙。我心急如焚地邊跑邊看著懷中的孩子，他的雙頰紅得像蘋果一樣，緊閉著雙眼沒有任何回應！公車站牌離我們住的地方步行大約八分鐘左右，醫院在我們家對面方向的五個公車站牌外，我們住的地方是一個重點四線道的大十字路口，無法直接穿越馬路，必須到定點斑馬線才能過馬路。

衝到一樓打開大門的瞬間，外面積雪已經深到我小腿三分之二的位置，但我趕著出門，只穿了件小短褲加羽絨外套。當下我已失去了所有感官知覺，一心只想趕緊衝到醫院，來不及再上樓添加衣物了。風雪中，一個狼狽不堪的媽媽，抱著失去意識的小男孩，焦急地往公車站牌的方向跑去。當我抵達站牌的時候，最後一班公車已經開走了，時間停留在十一點四十分……

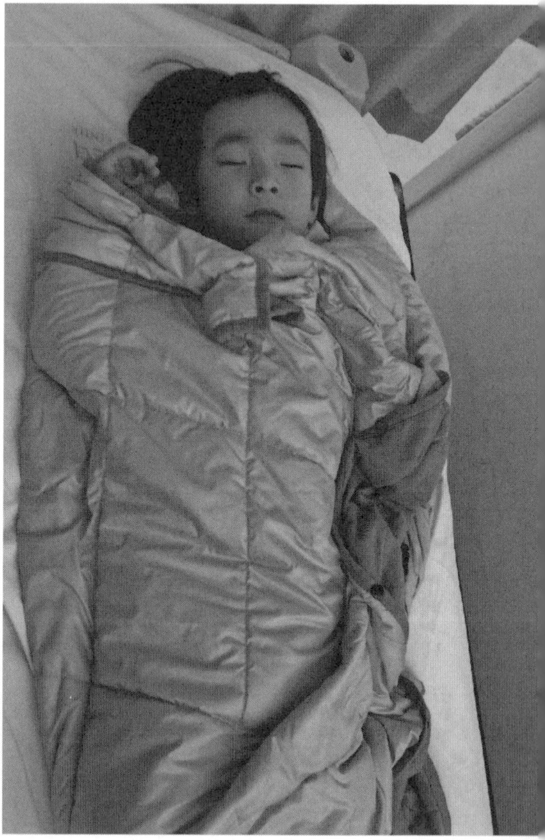

臉頰因為高燒而通紅的大姆哥

零下二十度的急診室

晚上十一點多的沙塵橋下大雪紛飛，白天車水馬龍的喧囂與吵鬧，此刻成了望不到盡頭的絕望馬路。公車站牌的燈光已關閉，剩下幾盞忽明忽暗的路燈。我佇立在公車站牌前望著遠方，抱著一絲絲希望，期待能有計程車剛好路過。

但這個交換班的時間點，計程車的數量真的不多，再加上正在下雪，實在需要碰碰運氣。「如果我一路跑到醫院要超過三十分鐘，但現在室外的溫度很低，大姆哥的身體狀況根本禁不起這樣的折騰。」「還是我隨機在路邊攔車呢？但誰會在半夜讓一個陌生人抱著孩子上車啊？」我在內心不斷自問自答，急到不知道該怎麼辦了……

「叭叭」，突然一台車子靠近我們，原來是一輛已經關燈準備下班的計程車。司機遠遠就看到我在路邊徘徊，因此特意過來看看是否需要幫忙。他近看發現我的懷中抱著一個小孩，配上我驚慌失措的表情，大概也猜到是小孩生病了，需要趕去醫院。

「妳自己一個人嗎？這個時間攔不到車的，真的是要出大事了！還好有遇到我！」計程車司機是個五十多歲的大叔，語調隨著我的情緒波動，透露出緊張跟焦慮。

「大叔……我……謝謝……我們需要去醫院！」外面冰天雪地，凍到語無倫次的我一心只想趕緊到醫院，無法講出完整的句子。

「真的是要出大事了！小孩發燒了嗎？」計程車大叔一邊唸著一邊踩油門，想要透過聊天來減緩我的緊張。

「還要多久才會到醫院呢？」心急如焚的我秒秒都覺得漫長。

「不用擔心，這裡離延世大學醫院很近的，十分鐘左右就會到了！」大叔被我焦急的情緒感染，油門更加用力地踩下去。

果不其然，十分鐘左右就抵達急診室門口了，我立馬抱著滾燙的大姆哥衝進去。急診室裡有八成都是小朋友，我用僅會的幾句韓文夾帶英文，盡可能表達大姆哥剛才的症狀讓醫生評估與診斷。護士也被我慌張的情緒搞得有點緊張，替大姆哥做了一連串檢查與治療，直到凌晨報告結果才出來。

原來是扁桃腺發炎引起發燒，因為溫度太高了，才會出現熱性痙攣現象。護士幫大姆哥打退燒針並吊了點滴，治療觀察六個小時後，隔天一早便讓我們回家觀察三天，若是高燒再不退，就必須住院治療。而我們的耳溫槍在我昨晚百里衝刺時掉在路上了，護士小姐貼心地送我們體溫計，讓我們回家好好休息。當值的值班護士也過來拍拍我的肩膀說：「小姐，下次再怎麼急也要穿件長褲再出門。妳要是病倒了誰照顧小孩呢？現在外面零下二十度呢！」護士語重心長地告誡我。

我這才意識到自己的雙腳早已被積雪凍得紅通通的，開始感覺到刺痛和冰冷！我突然感到一陣天旋地轉，重心不穩地跌坐在椅子上。護士小姐反射性用溫度槍掃了一下我的額頭說：「天啊！這位媽媽妳也發燒了，趕緊帶孩子回家休息吧！」

堅強的人之所以堅強，是因為背後沒有人可以依靠。在這種情況下，除了靠自己，還能求助於誰呢？我只能咬牙與所遭遇的情況抗衡，在寒風中繼續前進。若是我待在原地恐慌，小孩的病情可能因為我的不果斷，而造成一輩子的遺憾。在沒有人可以依靠的情況下，自己就是自己最大的靠山。

在零下二十度的冰天雪地裡我們得救了！路過的司機大哥救了我們，理智與冷靜救了我們！人心好像就是這樣，經歷過一些事情後，在無形中被撐大，可以接受的事情自然變多了。在韓國經歷了一連串的意外，我們的心也漸漸沉穩下來。遇到問題時驚慌害怕在所難免，但對於解決事情一點幫助也沒有。所以必須在最短時間內讓自己冷靜下來，才能突破層層關卡，往更美好的未來走去！

勇敢的人之所以勇敢，是因為被迫經歷許多預料之外的挑戰，在這過程中跌跌撞撞跑向目的地，漸漸變得強大。我選擇的結果與環境，養成了我堅強自主的個性。許多人總覺得女生需要靠別人照顧，依賴別人生存，但事實證明，女生也可以靠著自己的智慧，獨立活出價值。

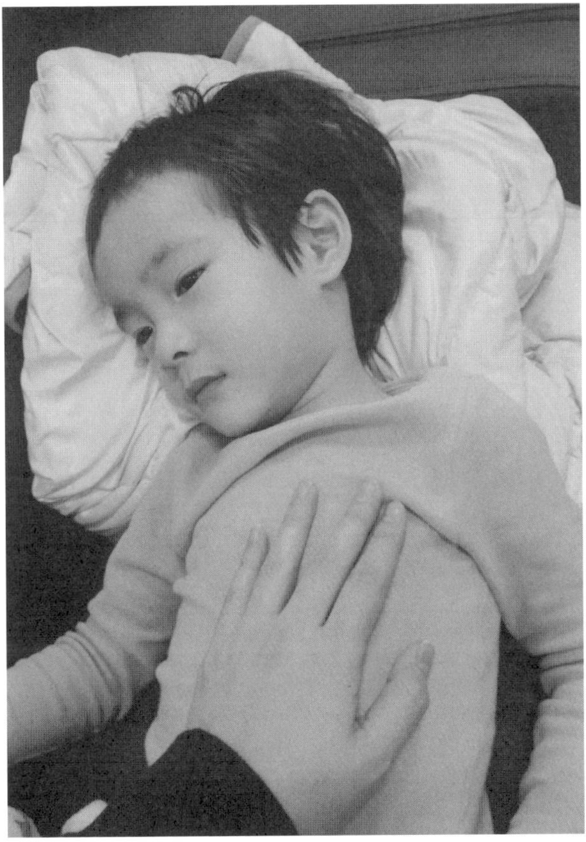

安撫因高燒而身體不適的大姆哥

重量級的神救援

大姆哥的病情稍微穩定之後，我卸下了一整晚焦慮的心情，頓時一陣癱軟與無力感湧上來，拖著疲憊不堪與發熱的身體回家。我特地跟學校請了一天假好好睡一下，讓身體有足夠時間復原。一回到家後，我跟大姆哥很快就昏睡過去了。

「你們好多了嗎？燒退了沒？」不知道睡了多久，Line傳來訊息。

「嗯……」睡眼惺忪的我在睡夢中回了訊息。

「我明天去韓國陪你們！」是小毓傳來的簡訊。

二〇一〇年夏末，哥哥的廣告公司來了幾位大葉大學設計系建教合作實習的學生，負責幫忙製作名片、海報等相關平面設計。一位看上去身高不到一百六十公分，體重大約七十多公斤，身穿水洗棉純白上衣，配一件卡其軍綠色多口袋的美式工裝短褲，腳踩著低筒黑色馬丁鞋，手臂內側有一個特別顯眼的圖騰刺青，乍看之下像是個叛逆的男生，看起來兇得難以靠近。

大葉大學陳教授說他是一位成績優異，每學期都領獎學金的全勤好學生，而且還是系學會會長！這位同學的外表與內在有著極大的反差。大姆哥第一次和他邂逅時有點畏懼，站在門口徘徊不敢靠近。但這位同學悄悄地站了起來，用極為浮誇的口吻說：「唉唷！從哪裡冒出來這麼可愛的小孩啊？好古錐喔！你要不要跟我玩電腦遊戲啊？」

我跟大姆哥互看了對方，發現這位同學的聲音意外的輕柔好聽，而且是一位女孩子，叫做小毓。有好長一段時間，大姆哥刻意與小毓保持距離，遠遠地觀望著，因為我們對太過熱情的人，還是有點保留。但小毓始終有耐心地嘗試各種方法來接近大姆哥，或用電腦遊戲來拉近彼此的距離。大姆哥漸漸感受到小毓的熱情與真心，慢慢卸下心防，結交了人生中第一位真心愛他且認真跟他相處的好朋友。

小毓的家在北部，但因為廣告公司的人手不足，時常有許多案件需要趕工，假期的開始通常就是最忙的時候，因此小毓無法回家。有很長一段時間小毓都借住在我們家，類似寄宿打工的概念，所以她對於我們母子的日常生活習性，早已有初步的認知。在台灣時也因為homestay的關係，跟大姆哥培養了深厚的情感，兩人像朋友般熟識。兩歲多的大姆哥可以單獨跟小毓玩樂一整天，完全不需要找媽媽。

大姆哥現在的體溫起起伏伏不太穩定，而我也正在發燒。小毓的一句話就如同雪中送炭來得正是時候，小毓沒有聊太多，只說她可以來韓國陪我們一個月。貼心的她知道此時此刻最實質的幫助，就是親自到韓國陪我們，因為我要上課，但大姆哥生病無法上學，如果我專門請假照顧他，勢必會錯過許多語學堂的課程。我的父母得知這個消息後，心中卸下些許的擔心，感激卻又非常不好意思地請小毓幫我們帶一些中藥材、食物，一不小心就占了小毓八成的行李空間。

「記得把你們家的地址給我，我自己搭計程車過去就好。」小毓非常上道，沒有要我們去機場接機，但行囊裡裝的卻全是我們母子倆的東西。隔天下午經過一番折騰後，小毓終於抵達我們家。

「這三萬塊給妳，補貼我來韓國一個月吃住的費用。」一見面小毓就給了我一個非常實際的問候，真的讓我非常非常感動。

小毓在單親家庭中長大，自小由奶奶獨立扶養帶大，念書的錢都是就學貸款來的，所以她很認真地靠獎學金來補貼生活費，成績才會如此優異。當時三萬塊是她全部的財產，她不知道存了多久，卻因為我們母子倆需要幫助，二話不說立馬自費購買來回機票，飛來韓國陪我們，還把三萬塊全部拿來補貼在韓國的生活費。

「不用啦！妳願意來幫我們就已經很感人了！」我不太好意思收下這筆錢。

「不用不好意思啦！搞不好我吃得比這些錢還多呢！但我只給得起這些錢喔，我想吃什麼妳都要煮給我吃就好。」小毓早已料到我的為難，用輕鬆的語氣說著。

小毓是一位非常貼心且EQ很高的女孩，總是能幽默且巧妙地將災難現場化為喜劇。每當我們母子有矛盾或衝突時，她也總扮演著和事佬的角色。與其說她是我的朋友，倒不如說她是大姆哥的朋友，因為小毓是真心把大姆哥當成一個獨立的小大人來看待，不會以長輩的身分來檢視大姆哥的行為，一視同仁的對待才會如此贏得小孩的信賴吧！從小毓與大姆哥的相處方式可以看出，把小孩當成大人來溝通，小孩是能理解的。

一個真心對待我們的人，不是看他付出了多少金錢，而是願意在我們最需要幫助時傾囊相助，付出他可以做到的全部。我們一生中會有許多珍貴的朋友，在逆境時特別容易有深刻的感受，進而瞬間體會人情世故。人生能有幾位願意花上自己的時間與金錢來陪我們追夢的朋友呢？更何況我們還是一對脾氣不太好的任性母子。小毓對我們母子倆的情誼，真的是重量級的神救援。

大姆哥指定小毓幫忙念睡前故事

病房裡的階級制度

「在家靠父母，出外靠朋友。」我以前對這句話沒有太深刻的感觸。小時候我的父母因為忙著拚經濟，在生活上實在不太可靠。爸爸常常忘記接我跟哥哥放學，所以我們只能靠著對家裡地理位置的記憶，走兩個多小時的路，才回到那時位在山上的家，一直到晚餐時間爸爸都還沒發現小孩消失了。那年我國小三年級，哥哥五年級。

媽媽則是常把白色衣服洗到染色，襪子洗到不見，煮的飯裡面還是硬的，餃子中間還是生肉色或雞塊裡面沒熟……諸如此類的災難片常發生在我從小到大的日常中。我跟哥哥被父母忘記般的放養著，為了求生存，激發了自我成長的本能，養成我獨立自主的個性。

直到來韓國留學後，我才真正體會到身旁有朋友相伴，是一件多麼感人又可以稍微放鬆的事。小毓抵達後沒幾天，大姆哥因為高燒依舊降不下來，而住進了延世大學附設醫院的住院病房。大姆哥的臉燒到像蘋果一樣，也因為身體的不舒服，眼眶裡委屈地打轉著已經流了又乾的淚水，讓人看了很不忍心。

外國人在韓國看病的收費是當地人的三倍以上，急診費用大約韓幣十三萬（約台幣四千多元），一般門診費用大約兩萬兩千多韓幣（約台幣六百多元）。病房類型大致與台灣相同，分為普通的健保病房與自費病房。

為了讓彼此得到更有品質的休息與治療，我們選擇了自費病房。不太確定是不是因為住在自費病房，我們獲得非常有效率的治療與關心，受到了特殊照顧。護士會非常準時與貼心地進來關心大姆哥的身體狀況，醫生巡查時也非常有耐心地解釋病情讓我們安心，清潔阿姨一天三班次定期進來打掃，家屬還有獨立病床和整套的枕頭、棉被。

大姆哥的扁桃腺發炎，需要施打五至七天的抗生素。白天我需要上課無法準備三餐，還好醫院裡有提供營養餐，一餐約台幣五百元，但飯菜不是熱的而是溫的。吃了一餐之後，小毓發現菜色並沒有特別豐盛，為了省錢，她堅持不需要再訂兩份營養餐。小毓每天只吃大姆哥剩下的食物，如果肚子還餓的話，就去醫院的美食街隨便買來吃。

我們把大部分的錢都省下來，用來買各種水果給大姆哥補充水分和營養。生病後大姆哥的胃口一直都不太好，正餐往往吃不到三分之一就吃不下了，唯獨特愛韓國的水果，一個人可以吃掉整盒的大草莓。

小毓常用渴望的眼神，望著大姆哥餐盒裡又大又鮮紅的草莓，期待能分到幾顆嚐嚐。我們都捨不得大姆哥繼續生病，所以在他有胃口吃下那麼多水果時，也不忍跟他分食，因此所有水果幾乎都是大姆哥獨享。一天下來，水果的花費大約也是台幣五百元，住院期間光是食物的部分，就花掉了我上萬元台幣。

住了五天的自費病房，大姆哥的狀況穩定許多，也可以下床蹦蹦跳跳了。我們一致認為差不多可以回家了，但醫生就是不願意讓我們辦理出院。或許是因為抗生素治療有固定的療程，不能隨意中斷。但由於單人病房的價格太高，我怕會超過保險理賠的額度，另一方面又擔心如果轉到普通病房，不知道是否能夠得到真正的休息及妥善的照護。但迫於經濟條件，我們在第六天時，還是決定轉到普通病房。

普通病房裡沒有電視、冰箱、獨立廁所。想要上廁所的話，需要走到病房外的公共廁所，非常不方便，家屬病床的位置也很狹窄。另外病房裡各個病患的狀況不一，有年長一點的病患常常在夜裡呻吟，也有年紀較小的小朋友，因為疼痛不舒服而哭鬧。此起彼落的噪音，別說陪伴的家屬無法休息，身體不舒服的患者們想要得到有品質的休息，更是難上加難。隔壁床的病患來來去去，我們依舊還沒辦理出院手續，證明是真的還需要觀察治療。

這幾天旁邊剛好來了一個與大姆哥年齡相仿的小朋友，漸漸康復的大姆哥，體力與精力都陸續恢復，便去跟隔壁床的小朋友一起看卡通、玩遊戲。兩天後，醫生讓我們辦理出院手續了。到櫃檯結帳看到帳單的瞬間，我差點被上面的金額給嚇暈。兩百四十多萬韓幣（大約台幣七萬多元）！大姆哥只是扁桃腺發炎，做抗生素治療而已不是嗎？我一度懷疑地問櫃檯服務人員是不是算錯了，但仔細看每一項檢查項目的單價之後，我真心覺得台灣的健保真的太佛心了。

經過這次的住院經驗，我深深感受到若是沒有足夠的金錢，生起病來只會更痛苦。因為醫院裡林林總總的自費項目，是看預算的多寡來決定病患是否能妥善地受到照護，以及各種不同程度的關切和各項差別治療。自費的項目越多，身體復原的程度就會相對提高。

在一般普通病房裡，清潔阿姨根本來不及那麼頻繁地整理環境。外面公共廁所時常有滿地的嘔吐物或是排泄物，紙巾常常面臨架上空著的狀態，走道上也時不時散發出上一個病人嘔吐的異味。拖著不舒服的身體，還要飽受各種噪音的精神折磨，亦或各床病患不同的作息時間，這種沒有品質的環境，該如何讓身體盡快康復呢？「醫療保險」在這個時候就扮演了非常重要的一環，實支實付的保單才得以讓我們在韓國得到最有品質的治療。

為期八天的住院時間，雖然後面兩天我們轉到了普通病房，卻也花費將近台幣七萬元，這還只是區區的抗生素治療而已。很難想像若是其他重大疾病或手術，一般人又該如何負擔如此龐大的醫藥費用呢？所有人在疾病面前都是脆弱的，但若沒有金錢的支持，將會顯得更加淒涼與無助！

「生於憂患，死於安樂。」在我們年輕有能力賺錢的時候，不該把金錢全部投入在個人慾望的追求上。「存款」是一個人最後的退路與靠山，所有的困難百分之九十都來自金錢。但人通常都是在生病之後，才會驚覺明顯的階級與差別待遇，感嘆現實的冷暖，無奈地接受因個人經濟條件，而獲得的差別式醫療資源。因此我們平常除了多重視自己的身體健康之外，保險跟存款更是不可或缺的觀念。

期許自己更加努力，避免在未來的某一天，不小心讓自己成為病房裡最下層的無助患者。我們都譴責階級制度，卻生活在一個充滿階級的社會當中。我們能做的，就是盡可能讓自己往上再往上爬，然後盡可能在將來以更公平的方式，對待不同處境的人們。

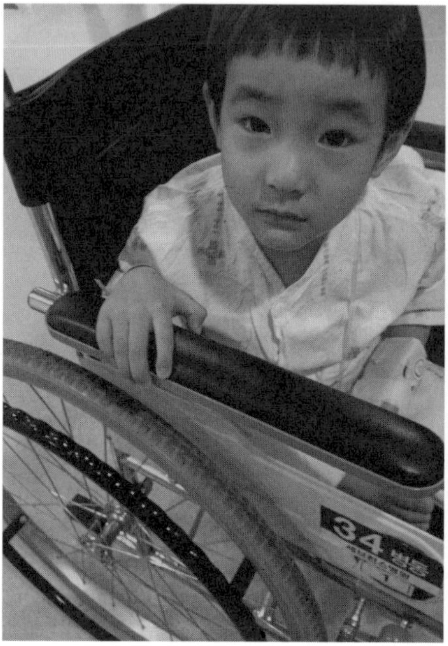

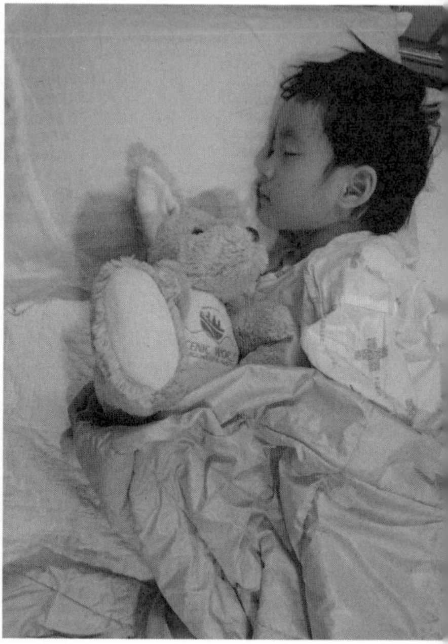

1|2

1. 大姆哥因為針頭插在血管太久不舒服想要回家
2. 昏睡的大姆哥收到從澳洲寄來的袋鼠玩偶

摸ㄋㄟㄋㄟ菜市場

正式進入韓國第二階段的入冬，需要儲存大量熱量來抵禦持續的零下低溫；但觀光客似的品嘗各種小館和料理，已無法支撐我們只出不進、所剩無幾的預算了。

在某一次公車坐過站的因緣際會下，我們發現離家大約五百公尺左右，有一個位於地鐵京義線加佐站的傳統市場，名為「莫萊內菜市場」。

傳統市場是了解一個地區的文化最快速也最齊全的地方。自從大姆哥生病之後，各式補湯與水果已是不可或缺的伙食開銷，因此意外發現傳統市場時，我們都格外興奮。

映入眼簾的場景，彷彿回到了家鄉彰化市小區內的民權市場，充滿小販們接地氣的叫賣聲，還有井然有序的新鮮水果與蔬菜陳列在地上。聞著各種食物的味道，我跟大姆哥玩起了猜食物的遊戲。

「嗯……這個味道是剛出爐的肉包子。」「這個甜甜的香氣是草莓！」「前面大叔的滷豬蹄已經滷好了。」「生澀的蔬菜味道，聞起來像是剛剛採收下來的。」「噁心難聞的是蟲蛹！」

五味雜陳的味道張開雙臂擁抱著母子倆，讓這陣子因為住院來回奔波的心靈得到暫時的鬆懈。因為語言不通，所以很多不認識的食材都不知道怎麼秤斤秤兩地購買。但母子仍充滿好奇與感動，在市場裡興奮地探索著，因為我們有種「回家」的感覺。

在這裡，賣菜的大嬸童叟無欺，特別是聽到我們講著不熟稔的韓文時，知道我們是從台灣來的，更加親切地送了幾把時令蔬菜。賣豬肉、雞肉的大叔們，大剌剌用著我聽不懂的韓文加上幾個英文單字，非常熱情地比手畫腳，教我選購肉品與料理的方式。因為這裡是在地的小社區，所以母子倆在菜市場裡顯得特別突兀。

大叔、大嬸們操著各種韓國方言口音，有的是鄉下口音，有的是海口音，我聽起來格外吃力。但「語言不通」在這裡反而變成另一種優勢，賣肉的大叔只收了我豬肉絲的錢，卻送給我一包大骨燉湯；賣菜的大嬸悄悄跟我說，下午四點過後來買價格最便宜，結帳時還塞了兩把葉菜給我；賣水果的歐爸提前給了我草莓買一送一的優惠；還有電器行的老闆看我推著嬰兒車，扛著一大袋食材，非常熱情地開車送我們到住家樓下。

前往菜市場的途中，我們會經過一條長長的小溪流，水質很清澈，時常有鴨子與天鵝在水裡游泳。冬天時湖面結冰的景色，彷彿高山上的小谷溪流，巧妙地點綴都市高聳冰冷的建築，無違和地塑造出一個可以透氣的小天地。

我們常常一待就超過十分鐘，靜靜地看著小鴨們跟在鴨媽媽的屁股後面一跛一跳地走著。有時剛學會走路的小鴨子會跌進水裡，但鴨媽媽只是在一旁默默看著小鴨自己游上岸；有時走得最慢的兩隻小鴨會吵架互啄，可能是在爭執彼此的步伐不對，才會跟不上媽媽，非常的有趣。

我們有時也會觀察路過的人，只是大家都急急忙忙、面無表情的。有時遇到的路人會好奇我們母子倆究竟在看什麼，也會暫時停下來往我們注視的方向望去，但停留幾秒鐘後便會匆匆離去。大姆哥常問：「麻麻，這裡有美麗的風景跟小鴨子可以欣賞，為什麼都沒有人要停下來看看呢？」

「或許是都市裡大家的生活都很忙碌，分秒必爭的為了求生存而努力著，沒有時間低頭看看橋下的景物吧！」我回答。

大家都說越先進的都市人與人之間越有隔閡，特別是韓國人更加冷漠與自我。但或許是我們一開始就以挑戰與冒險的心態前來，因此對所有人事物都抱持著高度的熱忱與求知慾，得到的幫助自然多了許多。

再冷漠的國家也有溫暖的人心。人之所以為人，就是因為有強烈的情感與同理心。當我們求助他人或表現出需要幫忙時，基於人道立場與憐憫心，通常可以得到更多幫助。這些投射與反應都是互動與交流而來的，全憑我們以什麼心態面對。也或許是我們母子比較幸運，一路上都遇到非常熱心的人。我想這跟我們居住的區域也有關聯，畢竟這裡是韓國在地生活圈，上了年紀的大叔、大嬸們總是比較熱情。

大姆哥：「麻麻，我們這星期要去摸ㄋㄟㄋㄟ嗎？」

「蛤？摸誰的ㄋㄟㄋㄟ啊？」我心想這孩子早就斷奶了，怎麼一時興起想摸奶。

大姆哥：「就是那個菜市場，有很多嘎抓[註1]的摸ㄋㄟㄋㄟ菜市場[註2]啊！」

大姆哥學習語言的方式是用各種諧音來幫助記憶。這個地鐵站的發音類似台語的蟑螂，剛好又位於菜市場旁邊；菜市場的發音也很幽默，就像「摸ㄋㄟㄋㄟ」。無形中大姆哥早已記住了韓文名字，用他熟悉又幽默的母語來輔助學習。

目前為止，我們得到了相當多的恩惠與協助，讓母子倆更加踏實地生活在這個寒冷的雪國裡，增添了許多溫馨與感動。

菜市場是個很單純，為了珍惜的人而存在的地方。媽媽為了煮飯給心愛的家人吃，需要菜市場；生病的人要進補，需要菜市場；為了生計而營業的餐廳小館們，需要菜市場；各種節慶時為了凝聚家庭情感的料理，需要菜市場；遠方遊子歸來想念家鄉菜的時候，長輩們唯一的目的地也是菜市場。

菜市場就是一個如此充滿溫情與熱度的地方，在這裡人與人之間沒有距離、國籍之分，也沒有鬥爭、階級之別，一切只為了五臟六腑。

1 京義線加佐站 가좌역（發音：Gajwa），發音近台語的蟑螂。
2 莫萊內菜市場 모래내전통시장（發音：Moraenae），發音近中文的摸ㄋㄟㄋㄟ。

通常需要整盤購買的海鮮攤販

批發市場裡的扛貨大叔

每週日清晨前往東大門追貨的路上，由於小毓的加入使得陣容稍微龐大。批發市場新品到貨的時間，在週日凌晨十二點後才正式進入火熱階段。小毓跟大姆哥不願意獨自待在家裡等我批完貨，雖然他們以兩人獨處會吵架或怕壞人等理由，但我知道其實他們是擔心我太辛苦沒人幫忙扛貨。迫於無奈我只好母雞帶小雞似的，帶著他們一起前往東大門。

一月的韓國冷風刺骨，大雪紛飛，但我跟小毓連一件禦寒的保暖大衣都沒有。表面上看似糾結著回台灣穿不到這麼保暖的外套買來浪費，或是穿太厚重不方便買貨、看貨，但最重要的原因其實是生活費拮据有限，根本捨不得添購一件幾千元的羽絨外套。因此我們只好在零下十多度的下雪天，穿著任誰看了都覺得冷的單薄針織外套加上圍巾，讓肌膚盡可能不要接觸到空氣。

穿著單薄的媽媽推著蓋滿毯子與暖暖包的小孩，外加一個步伐悠閒的重量級女孩，很突兀卻充滿回憶的創意組合。我們苦中作樂，一路上不斷自我解嘲說我們窮到只剩下回憶，來支撐我們度過雪地裡的極限。大姆哥安分守己地待在嬰兒車裡睡覺，不吵不鬧，偶爾醒來走幾步逛逛市場。有幾次大姆哥堅持不帶嬰兒車，說他可以撐到回家再睡覺，因為他明白推著嬰兒車在批發市場裡有多麼舉步維艱，而我們也不只一次被追貨的大叔們吆喝，覺得我們阻礙了他們通行的走道。

但小孩哪熬得了漫漫長夜，最終大姆哥還是會想睡，我只好讓他躺在批發推車上一袋又一袋的衣服上面，稍微用彈性繩固定身體以防跌落。但他好幾次還是因為睡得太熟，翻身而摔下車子，還好只是一、兩袋衣服的高度，不至於會受傷。

面對大姆哥幼小的自尊，我沒有阻止他提出的解決方案，想讓他體會用各種不同方式來解決困境。方法有很多種，不是媽媽說的才算。雖然明知道大姆哥撐不過一整夜的追貨折磨，但利用當下擁有的器具來協助他做短暫的休息，也是一個好的解決辦法，至少不用再多推一台嬰兒車了。

批發商場裡除了各路買家之外，最常出現的不外乎是送餐的阿珠媽，她們常常頭頂著一個超大托盤，上面擺滿了各類湯品、鍋物，或是熱騰騰的飯菜。小食堂的廚房大多圍繞在批發商場外圍，因此出來一趟要擺滿餐點，才能更有效率地滿足各檔口的吃飯時間。另外一種則是外送員，負責收發各種包裹、配送快遞的老伯伯。再來就是體力活的扛貨大叔，他們單趟可以扛超過九十公斤的貨，穿梭在人來人往、密集度超高的市場中，整個晚上來來回回不下數十趟。我們時常看到大叔們坐在路旁喘息，一邊叼著菸，一邊喝著各種提神飲料，然後忙著在最短的時間內將各種痠痛貼布貼滿全身。

不難發現，在首爾做這些體力活的多是中老年人。雖然韓國的法定退休年齡是六十歲，但平均要七十一歲才能真正休息。老人成為了勞動市場的主要生力軍，六十五歲以上的老人占總人口的百分之十五，韓國即將邁入老年人口比例超過百分之二十的超高齡社會。

二〇二〇年四月，NHK製作了一部《韓國撿紙箱的老人們》，揭露許多本該退休的高齡人士無法安享天年，反而困苦度日的社會現象。韓劇裡的夢幻泡泡在批發市場裡幻滅，一棒棒敲醒夢幻的韓國夢，一幕幕震撼我對韓國的認知。我在這裡看到一大群努力求生存的大叔、大嬸們的不安與無奈，他們明白一旦退休就是等死，因此無法停止工作。政府的老人年金制度承擔不起首爾的高消費，有三分之二的老人甚至沒有老人年金補助。他們看不見未來，只能在通往死亡的道路上，讓自己可以活得儘量體面一些，不要成了兒女的負擔。

這讓我意識到台灣未來的發展，「少子化」成為影響經濟最重要的因素。身為台灣的年輕人，除了加把勁讓自己的生活維持正常運作之外，對國家與社會最直接的貢獻方式，就是回台灣工作多創造新台幣，把錢留在台灣；另一條路就是生小孩了，只是現在的年輕人們，漸漸放棄了這個選項。

批發市場裡的扛貨大叔給我上了一堂震撼教育。現實總是以殘酷又迅雷不及掩耳的方式，重重砸向自己。在韓國停留的時間長了，不同於趕行程的批發客，多了更多時間可以慢下來觀察每個勞動者的角色，以及這個國家最真實的現況。這是一個衝擊強烈的未來既視感，我無法想像自己父母在這樣的年紀，還做著如此吃力的苦力活。我實在不忍心看著一群老人們，甚至比年輕人更賣力的辛勤工作。

身為二十一世紀的年輕人，或許早就意識到這樣的趨勢，所以不婚不生主義變成一種現代躺平族。但身為台灣人相對覺得慶幸，因為在台灣只要努力再努力，還是有機會換來輕鬆一點的晚年。

每個追貨的夜裡，我都不斷告誡自己：「年輕時扛下來的苦，換得年老時的一點喘息空間，以及成為下一代最穩固的靠山。」批發市場的扛貨大叔與我們，那沉重又身不由己的疲憊步伐和背影，成了我每個想偷懶瞬間的當頭棒喝。

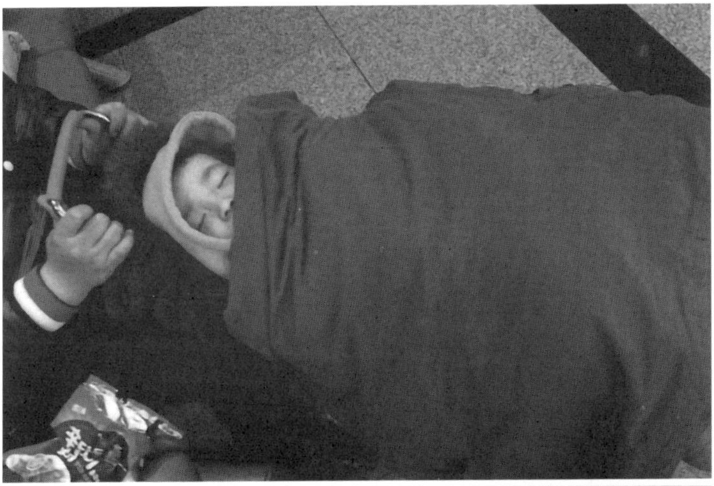

1. 我們拖著貨跟睡著的大姆哥回家
2. 滿滿的商品送到貨運行需要點收與打包裝箱

自己的雪橇自己拉

「麻麻，我們假日可以出去玩嗎？我們去滑雪好嗎？」幼稚園的小朋友上學時都會分享假日去滑雪的樂趣，而大部分的韓國小朋友們也都擁有一整套自己的雪衣、雪褲，所以大姆哥一直躍躍欲試，對滑雪充滿了好奇。

對於一個家裡有三歲小孩的家長來說，天黑之前如果沒有讓孩子釋放完能量與體力，就很難在正常時間上床睡覺，換來的會是崩潰的媽媽跟體力過剩的小孩在夜裡爭鬥的場面。因此，雖然韓國的冬天非常寒冷，每個假日我們依舊會安排外出行程。

韓國的大型滑雪場大多都在郊外，需要舟車勞頓與過夜的住宿行程，屬於較高額開銷。對於經濟拮据的我們來說，只能暫時放棄奢侈的套裝行程，取而代之的就是首爾市區內地鐵能到的玩雪場地。

二〇一二年十二月，首爾樂園雪橇場企劃了一項憑外國人身分證，即可享有門票一萬韓元（台幣大約兩百六十元）的優惠活動，特定年紀以下的小孩還能免費入場。這對我們來說是物超所值的假日行程，非常適合打發一整天的時間，同時也讓大姆哥體驗滑雪的樂趣。

雪橇場的滑道大約是十七度，是個就算翻車也不會受傷的坡度。而且十二月的雪非常柔軟，很適合玩雪橇，整個滑道上的雪蓬鬆且富有彈性。對於三歲的小小孩來說，是剛剛好刺激又可以挑戰的場地。

從地鐵口出來後需要步行十至十五分鐘，才能抵達首爾樂園售票處。沿路上有許多大叔、大嬸販賣著沒有太多變化的乾貨和泡麵，看上去不太吸引人。大姆哥外出的代步工具是嬰兒車，即使他早就過了搭乘嬰兒車的年齡，但因為在韓國步行的時間真的太頻繁，所以大姆哥通常都會自在地躺在嬰兒車裡，抵達目的地時才自動站起來。

嬰兒車裡的標配是左右兩側塞滿暖暖包，以及一頂全蓋式遮耳毛帽外加防水手套，最後再蓋上一條毛毯，全副武裝只露出鼻子以利呼吸。最常聽到的就是：「麻麻，我的鼻子還在嗎？我感覺不到鼻子了。」

抵達雪橇場時，現場小孩的尖叫聲與興奮的步伐聲，喚醒了睡夢中的大姆哥。映入眼簾的是白雪皚皚的大面積雪橇場地！安全帶還沒來得及解開，大姆哥早已耐不住性子地喊：「麻麻，快一點！快一點！我也要去滑雪。」

這裡的雪橇場地非常安全，適合學齡前的小小孩體驗初階滑雪項目。但兒童滑道太短，無法滿足大姆哥尋找刺激的慾望，所以我們直接選擇成人一百二十公尺的滑道。每一次完成滑行後，都得拉著雪橇走上去，重新排隊再繼續玩。剛剛好的坡道長度與柔軟有彈性的雪地就像大型競速溜滑梯，滑行過程因為重力加速度而騰空飛起的瞬間，大姆哥會止不住興奮地尖叫與開懷大笑。這種速度感與刺激感確實新鮮有趣，令人樂而忘返。

大姆哥：「麻麻，我好累，妳可以抱我走上去嗎？」

大姆哥：「小毓，妳可以幫我拉雪橇嗎？」

我：「不行啊，因為天氣太冷，麻麻跟小毓也很累。如果真的走不動，我們就回家吧！」

小毓：「自己的雪橇自己拉啦，我們也要拉自己的雪橇才能跟你一起下來啊！」

好幾次大姆哥都會賴皮的想要人抱他，或是幫他拉雪橇上去。這一百多公尺的滑道，隨手拉上去不過幾分鐘的距離，只是來來回回重複一樣的動作，真的會耗盡體力而覺得吃力。特別是低溫下空氣稀薄，含氧量少，容易頭暈與遲鈍，大姆哥也會因為形容不了身體不舒服的狀況而鬧脾氣。

「你是不是覺得頭暈暈的？手指頭跟腳指頭都冷到沒有感覺了呢？」我試圖引導大姆哥評估自己的體力與身體狀態，來決定是否要繼續玩下去。

「有一點點。但是麻麻，我們可以喝杯熱水休息一下再繼續玩嗎？」大姆哥很擔心今天的行程到此結束。

我：「當然可以！雪橇場下午五點才打烊，在那之前你都可以待在這裡。」

大姆哥：「那我們休息一下，再玩五趟就回家。」

大姆哥具體說出數字來規劃行程結束的時間，他的小腦袋已經能思考跟簡易做出判斷了。我們得讓大姆哥知道，我們可以陪他玩，但是他得斟酌自己的體力，累了就休息，不要造成別人的負擔，更不該期望耗費大人的體能，來滿足自己想玩樂的心情。

一直以來我都把大姆哥當成可以獨立思考，聽得懂人話的小大人來對待。從大姆哥小時候開始，我就很少用疊字或童言童語來跟他交談，我們的對話比較像是朋友間一來一往的互動，我想讓他知道我們彼此是對等的，不能因為年紀就隨意耍任性或無理取鬧。所以大姆哥從來沒有在外哭鬧的情況發生，甚至看到別的小孩因為不能買玩具而坐在地上哭喊時，他還會跟大人一樣露出匪夷所思的納悶表情。

給大姆哥適當的主導權，由他自己決定要玩幾趟，並提醒他雪橇場五點打烊的規則。有了這些順序，小孩自然會有一套自己的步調來完成想做的事情。雖然會顯得媽媽很無情，卻也是培養大姆哥為自己負責，守規矩的小小生活養成。

自己的雪橇自己拉，拉不動，我們就回家。

1｜2

1. 每個小朋友都要自己拉雪橇上去
2. 我跟大姆哥乘坐雪橇板體驗滑雪的樂趣

孩子的心理治療師

「麻麻，我們什麼時候可以回台灣呢？已經來韓國好久了……」

「學期結束我們就回台灣啦！我們去 PORORO 樂園玩好嗎？」

PORORO 在韓國的地位，媲美日本的 HELLO KITTY、中國的喜羊羊與灰太狼，以及台灣的巧虎。他是一隻短腿的企鵝，有七位個性鮮明的好朋友們，是一群非常可愛的卡通人物。整部卡通都是積極正向的主題，沒有反派角色，是韓國原創的幼兒教育卡通，在韓國極受歡迎。如果巧虎是台灣家長的教養幫手，那韓國就非 PORORO 莫屬了。

基本上全世界小朋友的互動與思考模式都大同小異，淺顯易懂的卡通對話是最容易成功的。在親子教育的路上，考驗的是父母的臨場反應，讓大姆哥把對巧虎的依賴轉移到 PORORO 身上，是讓他快速安心的捷徑之一。

大姆哥每天回家的第一件事，就是打開家裡的有線電視，觀看POROR O今天的生活日常，這是大姆哥在韓國的精神糧食。初學韓文的人也非常適合從這部卡通開始，因為裡面都是一些孩子們基本的生活對話。幼兒學前教育養成透過卡通，精準地傳達給每一位小朋友。PORORO在不知不覺中，取代了巧虎在大姆哥心中的地位。

PORORO樂園是一個室內遊樂場，比較像是台灣大型購物商場裡的小主題樂園。兒童的入場費比大人貴，因為是專門為小朋友設計的，大人通常只是陪在旁邊。進到主題樂園的第一關，入口處備有精緻印刷的PORORO預防失蹤手冊，類似韓國幼稚園的注意事項小手冊，用來提醒小朋友玩遊戲時要注意的事項，以及各個關卡可以蓋章。

樂園裡的建築物呈現卡通等比例場景，提供小朋友身歷其境的體驗，是個療癒度百分百的主題樂園。卡通中每位角色都有屬於自己的溫馨小屋，讓小朋友與PORORO的朋友們近距離接觸。卡通人物大約是三歲小孩的身高，非常貼近小小孩的距離。走進卡通世界的小屋，PORORO就在裡面等孩子們登門拜訪。

「麻麻，原來我比 PORORO 還要高欸！」「麻麻，PORORO 的家好棒喔！」「麻麻，我可以住在這裡嗎？」

有趣的重頭戲是 PORORO 大玩偶劇場！卡通裡的人物都會穿著玩偶造型服裝，出來跟小朋友們互動，所有小朋友也屏氣凝神地等待他們的偶像出場，PORORO 的影響力是父母們望塵莫及的。不吃藥的孩子、不睡覺的孩子、不吃飯的孩子、不刷牙的孩子、不上學的孩子……任何疑難雜症，PORORO 團隊總能輕鬆地幫家長們解決。

看著大姆哥專注又開心的眼神，我感到有點安慰卻又心疼，我漸漸感受到大姆哥的心理壓力可能已經到達極限了。從他每天不願意視訊通話，避免看到在台灣的阿公、阿嬤會加深思念的情緒；另外一直生病讓他不能外出遊玩，也影響了他釋放體力的機會而感到煩躁。

很快的在韓國已經過了半年，日常生活也漸入軌道，但我心裡總是有種忐忑與不踏實的感覺。或許是心疼三歲多的大姆哥，本來該是沉溺在家族長輩疼惜，與兄弟同儕搗蛋玩樂，在媽媽懷裡任性撒嬌的年紀。但他卻被迫接受在不同的國家重新開始，消化心裡的矛盾，逼迫自己跟上腳步，讓自己儘量看起來是正常的。

韓國留學意味著新生活的開始，但同時也是離開舒適圈的開始。對小小年紀的兒童來說，這無非是一種重大壓力。和成年人相比，孩子對環境變化往往更加敏感。雖然大姆哥在學校課業與行為上沒有太大的偏差，但可以感受到他每次跟台灣的家人視訊後，那難掩的失落與孤獨感，以及焦慮、抑鬱和無法表達的負面情緒。

「麻麻，我今天不想跟台灣的任何人說話！」大姆哥在晚上打電話回台灣時脫口而出。

「為什麼呢？」看著大姆哥眼裡打轉的淚水我心疼地問。

「因為我聽到阿公、阿嬤的聲音就會很想他們，然後很想回台灣。」大姆哥委屈地說。

「那怎麼辦呢？」我也不曉得該如何安撫思鄉的幼小心靈。

大姆哥：「沒辦法，我也不知道，所以我不想跟他們說話。」
我：「那我們問問阿公，《爺爺一定有辦法》。」
大姆哥：「嗯嗯，那妳幫我打給阿公吧！」
大姆哥有一本繪本《爺爺一定有辦法》，敘述爺爺扮演著萬能的角色，總能協助孩子解決任何生活或情緒上的問題。這時候很慶幸有這本繪本，解開大姆哥遇到的瓶頸。
阿公、阿嬤給的溫暖與台灣熟悉且熱鬧的環境，跟現在韓國只有母子倆加上小毓形成強烈的對比，才會顯得更加單薄與孤單。小孩子喜歡熱鬧是因為可以感受到人多的溫暖，同時會給他們帶來心靈上的安全感。在熟悉的環境和可靠的長輩簇擁之下，孩子可以感到自在放鬆。
但我現在唯一能做的，就是盡可能填滿大姆哥感到孤單的時刻。大人永遠無法想像卡通人物對小孩可以達到何種程度的療癒，所有國家的卡通人物都有著相當程度的影響力，是小小孩世界裡的心理治療師。所以有時候，寧願找到其他方式讓小孩抒發情感，也不要一味強迫小孩接受大人的道理。

1
2

1. 大姆哥與 PORORO 和酷龍合照
2. 我跟大姆哥在球池中享受亂躺亂跳的樂趣

第四章

找回家的路

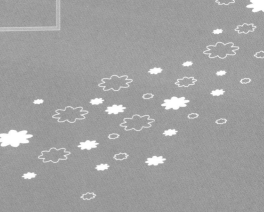

借一張鈔票的祝福

網羅首爾市內各大購物商場與批發市場，已成為我們每個假日的首要任務跟打發時間的好去處。首爾市到處都有創意市集、購物商場和地下街，它們各有千秋與擁護的消費客群。

二〇一三年的農曆新年在二月十日，由於學期尚未結束，因此我們無法回台灣跟家人一起過年。除夕夜時與在嘉義老家的長輩們視訊，看著四代同堂聚在一起圍爐過節的畫面，大姆哥忍不住哭著說想回家。

有時候想念是一種氛圍，沒看到、沒聽到就不會有任何波瀾。然而一旦某條神經元被挑起了，波濤洶湧的情緒就會傾巢而出。大姆哥的情緒就是如此，台灣老家的長輩們亦是如此，大家都紅著眼眶，透過手機螢幕想念著彼此。

我跟大姆哥在情緒上的反差很明顯，我比較淡定，報喜不報憂的希望在台灣的長輩們可以放心，不需要牽掛我們；但大姆哥的思鄉情懷已經滿載了，看著鏡頭那方齊聚一堂的家人們，加上濃厚的年節氣氛，反觀形單影隻的我們，更對比出遠在他鄉的失落與寂寞。

我安撫大姆哥說這是難得的經驗，可以在韓國體驗不同的過年氛圍，以後回台灣時才能對照出差異！幸福感和滿足感本來就是比較出來的，有比較才會更懂得珍惜。且讓孩子在心靈層面上有夠多且豐富的感受，也是幫他強大內心素質的機會教育。

我們在首爾度過第一個在海外的新年，由於農曆新年在韓國不是特別重大的節日，因此幾乎沒有任何過年的氣氛。所幸二月是西洋情人節，韓國的大街小巷都會布置粉嫩的浪漫陳列，賣花與賣巧克力的小攤販也明顯變多。相較於地下街，我們更常選擇逛室外的街道，雖然每一家店面的坪數都不大，裝潢卻各有特色與巧思。

今天的目的地是新沙洞林蔭大道，大姆哥突然牽起小毓的手竊竊私語，但我沒有多心，一如往常地欣賞著不同店家的特殊商品與陳列，觀察每位消費者購買商品的意願與動機。我的市場調查與消費模式分析功力，也是在韓國的這年累積起來的。

轉眼間，大姆哥突然拿著一朵蕾絲包裝的造型玫瑰花朝我走來。

「麻麻，這是我自己買的花喔！祝妳生日快樂，情人節快樂，新年快樂！」

「哇！好漂亮的玫瑰花喔！」無論哪個年紀的女性，收到花通常都是驚喜與開心的。我的生日恰好在西洋情人節前兩天，所以常常有種普天同慶的感覺。

大姆哥的儀式感很強烈，或許是從小養成的。就算我們平常住在簡陋又狹窄的房間裡，但只要用餐時間一到，我會鋪上一條好看的桌巾，搭配簡單整齊的擺盤，讓一餐充滿精緻與療癒感；生日時吃不起高檔餐廳，我們也會買一個可口好吃的小蛋糕，配上一定要有的三種語言生日歌，吹蠟燭加許願；萬聖節那天，按照當下喜歡的角色扮鬼嚇嚇人；聖誕節一定要有禮物……日子可以簡單，但不能隨便地過。因此即使大姆哥身無分文也明白聊勝於無的道理，一朵玫瑰花已能充分表達心意。

步行到新沙洞的路上，天氣雖冷卻乾爽的很舒服。路上光禿禿的銀杏樹帶點滄桑的色調，配上路邊經典的復古跑車，還有溫暖的陽光點綴，咖啡廳裡此起彼落的聊天聲，衝突卻又無違和地襯托出江南獨有的悠閒景致。

我們隨意選一家咖啡廳，坐在靠窗的位置，點了一個小男孩指定的POROR O造型巧克力蛋糕，喝著香濃的美式特調。看著外面人來人往穿梭在林蔭道間，路人們精緻簡約的時尚穿搭凸顯了這個區域的高級感，彷佛置身在電影中的唯美畫面，偶爾還能巧遇韓流明星，在這裡喝咖啡品嘗的是美景與氛圍。有幸在沒有時間壓力的日常裡，帶著大姆哥感受異國情調。

「小毓，謝謝妳的花。」我心想肯定是小毓出錢的。

「謝謝妳兒子吧，那真的是他買的，是他跟我借的，記得提醒他要還我！我有五張鈔票借他一張買幸福感，待會蛋糕妳買單！」

幾分鐘前……

大姆哥：「小毓，妳能借我錢嗎？我要買花給媽媽當生日禮物！」

小毓：「我全身上下只剩下五千韓幣耶（台幣約一百五十元）。」

大姆哥：「那借我一千元吧！我買一朵花就好了，我以後長大再還妳。」

幾年後……

小毓：「欸大姆哥！你之前在韓國跟我借的一千元好像還沒還我喔！」

我其實更愛巧克力蛋糕與起司蛋糕，但大姆哥非常有創意地堅持要在我生日當天，跟我交換他即將到來的三月生日。這樣一來，他就可以選擇櫥窗裡可愛又吸睛的 PORORO 造型蛋糕了。但在我們吃下第一口精緻且看似可口的 PORORO 蛋糕後，三人又把身上全部的零錢湊齊，重新買了一個起司蛋糕。

POROROR 巧克力蛋糕

兩張來回機票

人心是複雜的，天天處在一起會膩會吵架；相隔太遙遠又會常常想念。成年人的世界裡，這種因距離產生的美感跟思念，是比較健康的循環互動。但在大姆哥的世界裡可不是這樣運行的，他覺得全家人就該時時刻刻待在一起。

在台灣的時候，天天面對阿公、阿嬤，老喊著無聊；離開台灣的這半年，卻又無時無刻不想念台灣的家人。時間的流逝都是瞬間發現的，轉眼間第三個學期又到了尾聲。與其說是我陪伴著大姆哥，倒不如說是他給了我莫大的勇氣，牽著我的手，默默地陪在我身邊。

前往韓國念書本身不是什麼大不了的事情，令人不安畏懼的，是如何帶著三歲半的孩子，平安順遂地度過在韓國的每一天。我們在沒有任何資源，而且資金還非常有限的情況下，做了一個跟天借膽的決定，就毅然決然出發了。

這半年多以來，大姆哥無怨無悔跟著我闖蕩，適應在異地的每一天，接受每一次的突發狀況，磕磕碰碰卻也還算平安。對於大姆哥來說，「在韓國生活」這個巨大的變壓器，所帶來的負載率已經超過他可以接受的範圍。與家人分離的孤單感，遠遠超過了跟我在異地生活可以承受的極限。

這趟回台小毓隨著我們一起回去，家人們為了接風以及感謝小毓的幫忙，準備了豐盛的家宴，大姆哥想待在台灣的反應尤其明顯。阿公、阿嬤和一堆親朋好友們全部使出渾身解數，大陣仗地幫大姆哥補過了沒有參與到的過年團聚。在宴席之後，大姆哥的感受更加強烈又深刻。

姑且不論親戚之間的情感是否真的那麼深厚，但這是一種與生俱來的歸屬感，即使在國外有媽媽的陪伴，仍舊不敵久違的親情溫暖。說實在，我不太眷戀這樣熱情的場合，因為這都是非常短暫的表現。大家平日裡忙著打拚賺錢，不可能天天都聚在一起。這些特定時刻，大家當然是展現出熱情奔放、情感豐富的一面；但如果每天膩在一起，誰有辦法時刻滿足我們所有的慾望與要求呢？

就像我大病初癒時，所有人都會給予關心、叮囑，甚至是心疼。但時間久了，一切都會回歸到原位，只剩下自己面對漫長的康復之路。有些人甚至會忘了我曾經大病一場，以為我天生就該堅強。

但無論我怎麼說服大姆哥，他依舊不為所動。大姆哥沉浸於滿滿愛的包圍中，無法割捨地做出了重大的決定，安撫似地問我：「麻麻，妳在韓國的時間還剩下多久呢？」

「大概剩下一學期吧！三個月左右，怎麼了？」

「所以是夏天的時候就畢業了對嗎？」

「是啊！天氣開始熱的時候，我們就可以回台灣了。」

「麻麻，那我就陪妳到這裡了！我在台灣等妳，妳畢業後就盡快回來吧。」

「什麼意思？你是說你要自己留在台灣，我自己去韓國嗎？」

「是的！」

聽到這個消息的我，似乎比大姆哥更無法接受。我被兒子放手了！大姆哥讓我去追尋自己設定的目標，承諾會留在原地等我回來。這並不是一個容易的決定，當他這麼說的當下，就知道自己接下來幾個月除了視訊以外都見不到媽媽本人了。

打從大姆哥出生以來我們就沒有分開過，但他卻異常冷靜，比任何人都明白這樣的選擇所帶給我們母子的衝擊是什麼！三歲多的他，依舊成熟地做了這樣的決定。此時此刻的大姆哥表現得比我更有勇氣，當他做出了抉擇，就明白自己需要為這件事付出什麼樣的代價，這是一股強而有力的自我意識。

也許是在韓國經歷的這些時光，讓大姆哥體會到跟我獨自生活的辛苦與不便。雖然不願意離開我身邊，卻也非常明白，我帶著他在韓國時，大部分課餘、空堂的時間都用來陪伴他；而他更清楚，整個冬季自己幾乎都是在生病中度過，週週到診所報到。大姆哥希望我多跟朋友們出去玩，多看看、多逛逛，才能沒有遺憾地回來台灣。

耳濡目染的大姆哥，思想漸漸比同年齡的小孩還要成熟。他要面對的不只是單親家庭的不便，還要消化我有時控制不住的不成熟表現或宣洩，這些都促使大姆哥的心靈快速成長。

恰好台灣家裡正對面蓋了一家看起來像城堡的雙語幼稚園，夢幻的歐式建築設計，寬廣的 PU 跑道，以及比韓國幼稚園大了數十倍的空間，深深吸引了大姆哥。趁著學期開學之前，我匆匆忙忙地幫大姆哥報名了雙語幼稚園。走路上學不到一分鐘的距離，對比韓國舟車勞頓的上學過程，讓大姆哥十分歡喜。

園區裡的設備新穎，客製化的教學讓我很放心把小孩留在台灣。或許適度的放手，能激發出母子倆的潛能走得更長久。

確認過班導師之後，老師知道了我們分隔兩地的狀況，因此特別關心大姆哥。課堂上偶爾也會打視訊電話給我，或是隨時拍照與我分享大姆哥在台灣上課的情況。

大姆哥一路上都無比幸運，遇到的老師都非常有愛心與耐心，讓他的成長歷程中，多了更多的順遂跟良善。這也讓我在韓國所剩無幾的留學日子可以安心學習，不需要太過擔心大姆哥的狀況。小孩子所能承受的變化和壓力，以及思考的細膩，常常會超乎父母的想像。

兩張來回機票，只剩下我獨自前往韓國完成最後的使命。看著空蕩蕩的側邊機位，我的心情無比失落，卻又有一種終於要放飛自我挑戰的期待。或許是我太過依賴大姆哥，導致自己真正面對獨處時，更顯手足無措。這也是自我學習跟成長的過程，在這趟單人航程中，我將更深入了解、認識自己。

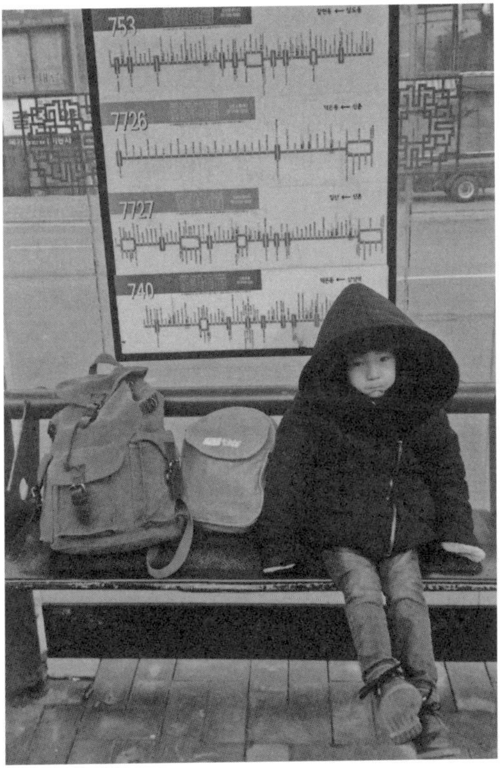

等待接駁公車到機場準備回台灣

異國料理總鋪師

我自認是個非常獨立的人，少了大姆哥相伴，頭一次一個人回到韓國的套房。剛開始幾天，我還挺興奮地享受獨處時光，晚上聽歌、追劇到半夜，捨不得太早睡覺；環境衛生整理則發懶，每個星期只清潔一次，大姆哥在的時候，我天天都會擦地板、洗衣服。

放飛幾天後，無論我是否將電視打開，是否照常煮飯，是否打電話給家人、朋友聊天，孤寂感依然排山倒海而來。我才發現少了大姆哥的陪伴，四周安靜得有點可怕。將近三十年的人生，我第一次真正面對安靜的空間與自己的個人時刻，突然間好像失去了重心跟方向。花了幾個晚上沉澱跟自我對話後，我才意識到原來自己還沒學會獨處。

慢慢抓回不需要配合大姆哥生活作息的步調，早上不需要早起做早餐，不用送大姆哥上學；下課後不需要趕著接大姆哥，而拒絕同學間的聯誼與校內活動。慢下來以後，我發現我還有自己。女人通常有了孩子以後，都會把自己藏到最角落，慢慢地失去自我，遺忘個人的獨特魅力與價值。

慢下來的時間裡，我開始找回年輕時的興趣與享受個人時光；慢下來的時間裡，我重新檢視自己的外貌、身材與狀態，在沒有人打擾的房間，把衣櫥裡的衣服全部重新搭配，在鏡子前裝模作樣地自我欣賞；慢下來的時間裡，我多了些認識身旁同學的機會，跟同學們閒聊，聽聽他們的戀愛生活，學習各國罵人最髒的一句話，逛逛大小網紅店，吃遍學校附近有名的美食；慢下來的時間裡，我的步調跟著慢下來，這是讓自己喘口氣、充充電的珍貴時光，為將來準備綻放的自己累積力量。

每學期語言學校都會根據考試成績，按照語言程度進行重新編班。所以一整年下來，可以結交到許多來自不同國家的朋友，認識不同個性的人。前面幾個月已有幾個認識的同學在其他班級，所以中堂下課總會有一些同學互相跨班級串門子。

在語言學校裡能輕易判斷不同國家女性的特質大約是怎樣。日本來的女同學，我們稱為櫻花妹，她們跑得特別勤快，很仰賴互相依存的同伴關係。而嗓門特大特有精神的，不用懷疑，肯定是中國來的！

雖然是在語言學校學習韓文，但大家總會使用自己慣用的母語，所以下課時都會聽到日文、泰文、英文、中文……各種不同國家的語言，在教室嘰哩呱啦地聊天。當老師聽不下去時，就會要求大家用韓文聊天，禁用母語。頓時同學們就會切換成韓文，但因為程度有限，聊天的內容跟速度就會緩慢許多，課堂上自然安靜了下來，這裡的確是個挺國際化的環境。

我的同學小寶在學期中出來找房子，為了方便彼此照顧，我們成為了樓上、樓下的鄰居關係。當她知道大姆哥不在韓國時，果斷提出了跟我同居的要求。她住在二樓，房間有舒服的雙人床墊，還有全天開放的暖氣。若是與她同居，我就不需要每天爬上五樓，當買完兩桶水加上一整箱食材時，咒罵著這些好像永遠爬不完的階梯。

說到底其實是我們都還沒學會獨處，怕孤單，也怕晚歸時遇到變態。於是我們開始了同居生活，每天的伙食則成了我們最重要的生活重心。韓國外食的費用頗高，令人難以承受天天外送的開銷，因此自己下廚是留學生必備的生活技能。我跟小寶都是市場派的，逛街購物是我們最契合的共同興趣，但我們每個月可以使用的現金少得可憐，所以只能從伙食費上動腦。

我們一天只吃一餐，早上起來直接上學，到下午兩點才回家做飯，吃飽大約是下午四點了。這樣的生活作息，卻也沒餓到肚子，還省錢。

每個星期，小寶負責開菜單，她會把想吃的料理列出來，我負責統籌食材清單跟預算，我們再一起前往市場買菜。這是一個分工合作的採購流程，在留學過程中，潛移默化的早已學會這樣的技能。

小寶挑嘴，我則是寧可餓肚子也絕不吃難吃的東西，因此我們每天唯一的一餐都豐盛無比。祖師級的吃貨女孩，腦中總有數不完的美食清單，偏偏在韓國未必吃得到。而解嘴饞最好、最快的方法，就是找到一個廚藝非凡的室友。

「姐姐，妳有沒有發現韓國的餃子又貴又難吃？」

「那就自己動手包啊！」我氣定神閒地回答。

於是我們第一次嘗試自己擀麵皮，調製水餃餡料。

「姐包的餃子才是我印象中的餃子。」小寶在誇獎我廚藝時，絲毫不會吝嗇。

「姐姐，我想吃油飯。就是家裡生兒子，或流水席中間會出現的菜色。」

「知道了。」我淡淡地回答。

油飯雖然是我從小吃到大的食物，但我卻從沒自己做過。憑藉著記憶中的味道，簡單上網搜尋料理方式，努力在韓國市場中尋找必備的麻油與油蔥酥，再由自己的理解與習慣來調味。

「哇！姐姐，妳做的油飯驚為天人的好吃。」兩個海胃女孩沒花多久時間就吃光整鍋油飯了。

每個月生理期過後，我會為我們煲湯，像是四物排骨湯、藥膳雞腿湯等各式中藥湯。小寶雖然不擅長料理，卻有一整櫃滿滿的美味料理包，她帶來的海底撈湯底是我在韓國吃過最好吃的火鍋。而我則擅長料理，廚房裡備滿應有盡有的調味料，特別是胡椒粉。這段與小寶同居的生活，讓我的廚藝突飛猛進。

我們在韓國料理著中國、香港、台灣等各項中式餐點，我們是名副其實在異國的料理總舖師。

慢跑吧！女孩！

愛情是這世界上最有力量，最迷人，讓許多人一輩子追尋的奇幻旅程；但同時也是最不靠譜，最令人心碎的奢侈品。

小寶的男友是一位居住在首爾的韓國人，簡稱為金先生。他們在南京念書時相遇，由於金先生在中國的學期期滿結束，即將回韓國，小寶便有了跟隨歐巴一起到韓國念書的想法。

愛相隨離開自己的舒適圈，前往陌生的國家生活，真的挺需要勇氣的！首先得用十八般武藝來說服父母支持，再來要克服寄人籬下的困擾，小媳婦的委屈真的需要很大的胸懷。金先生在南京時，用各種花式套路說服小寶放心跟隨他到韓國生活。

「妳可以住我家啊。」「放心吧！我媽會煮飯給我們吃！」「歐巴有車子可以帶妳到處玩喔！」「歐巴會照顧妳的。」

熱戀期的小情侶肯定是黏踢踢的，一刻也不想分開，小女孩哪禁得起這些蜜糖式的攻擊。小寶從小父母離異，長年中國爸爸、台灣媽媽的兩地奔波，自小就缺乏安全感，渴望愛情是難免的。因為孤單與期待被愛，錯以為可以從愛情中得到這些長期缺乏的情感。

來到韓國的小寶，真的住進了金先生的家，但現實往往殘酷而不留情面地打我們一巴掌。金先生跟小寶收取每個月六十萬韓幣（約台幣一萬八千元）的房租，卻是跟金先生的妹妹擠在同一間窄到不行的房間裡，還不准有太多自己的私人物品。根據金先生的說法是：「這裡是寸土寸金的韓國，妳到外面租房子得繳保證金，而且還要保證人。妳一個中國來的女生，自己在外面租房子很不方便的。」

金先生的媽媽確實會煮飯給小寶吃，但一餐收取三千韓幣，通常只有牛奶加上水煮蛋，或是一片烤吐司；金先生的家裡確實也有一輛車，但那是他爸爸的，要開車還得先呈報，告知借出與歸還的時間，他爸爸評估後才能決定是否可以使用。我確實是比較世故的人，一聽就覺得小寶被坑了。

首先我跟大姆哥住的是oneroom，擁有自己的廚房和獨立衛浴，還有自己的書桌、衣櫃，沒有門禁時間，每個月只要四十萬韓幣。我們不需要看人的臉色進出，也不會因為怕晚上吵到別人睡覺只能在早上洗頭；而早餐一千韓幣可以吃到一整條熱呼呼的飯捲。

小寶涉世未深，在我分析這些狀況給她聽之前，她還是挺相信金先生的，只是覺得哪裡怪怪的卻又說不上來；聽完我的分析後，她彷彿醍醐灌頂，明白幾個月以來問題出在哪裡了。金先生不是把她當女友看待，而是一個房客，還是很聽話的房客。這樣的房客不僅能幫家裡賺點生活費，還能打發時間有人陪著玩樂。

原先的夢幻情節，在小寶認識我以後慢慢破滅了；小寶搬出金先生家以後，少了租金收入的金先生，開始露出本性的無視小寶，常常不是電話沒接就是搞失蹤。終於有一天，小寶接到金先生的電話，開開心心地到金先生家裡見面。傍晚我看小寶哭著回到家裡，才知道金先生是請小寶去收拾剩下的私人物品，那是一通分手電話。

雖然這樣的情形早就能預知，但真正來臨的那一天還是會傷心難過。小寶委屈的自己搭著不熟悉的公車，扛著一堆家當流著眼淚回到我們的家。人在難過時是聽不進去任何安慰的，所以我沒多說話。

傍晚時小寶哭得特別厲害，黃昏可能是最感傷的時間，她可以哭掉一整包面紙。我則是安安靜靜的在旁邊看韓劇，順便幫她抽衛生紙。連續這樣一週後，小寶哭得也有點累了，直到她願意開口說話，我才說話。小寶終於稍微恢復平日的幽默感，自嘲地說：「姐姐，我被分手了！我被拋棄了！」

「嗯，我知道呀！挺明顯的。」

「金先生說我對他的未來沒有幫助，說我幼稚。」

「嗯！他沒說錯啊！因為妳讓他少了一個租金收入。」

「我很難過！」

「難過的點是什麼？是不甘心自己為了他來韓國卻被拋棄？還是他騙了妳半年的錢？」

「仔細想想，好像也沒什麼太深的感情，我也不知道自己在難過什麼，但覺得失戀就是要哭一下！」

你可以有糟糕的愛情，但不能讓自己過一個爛透的人生。失敗就失敗，我都離婚還帶一個小孩了。永遠不要為了拋棄你的人流淚，別人會笑話你，這既浪費眼淚又於事無補。

我的婚姻存續不到一年我就果斷地終結關係，因為在這段感情中，我只看見了絕望的束縛與黯淡的未來。一般人總是認為再試試、再努力、再忍忍，或許就可以等到幸福美滿的那一天，但這些委曲求全總得有個相愛的前提來支撐吧！

一時的失戀會讓人頓失重心，如果不馬上轉移焦點，就會陷入負面的循環當中。實在不知道要幹嘛的話，每天的黃昏時分就去慢跑吧！看看風景，看看體重計上掉下來的數字，妳會愛上自己的。沒有人可以真正傷害妳，除非妳給自己理由優柔寡斷。慢跑吧，女孩！跑起來妳的人生將會變得不一樣！

小寶說當初打醒她的就是這句話：「失戀不可恥，可恥的是失戀還變胖！」

黑洞入口

在韓國，我除了是個學生之外，同時還扮演「代購者」的角色，服務台灣市場裡的童裝店客人。因此平常除了念書，其餘大多數時間都泡在各大批發市場裡，開發各種新奇的韓國流行性商品。

每個星期六是批發市場的休息時間，因此新品採購批發、熱銷品追貨，都只能利用平日課較少的那一天。有時候買完貨回家洗個澡，來不及睡覺就得直接出門上課。

東大門批發市場是越晚越熱鬧，來自世界各地的買手們與韓國各地的小店老闆們，在夜晚時紛紛抵達批發市場，主要戰區的營業時間從半夜十二點開始到凌晨六點結束。韓國是亞洲最具影響力的批發市場，聚集了所有與「時尚」相關的男女裝、童裝、飾品、包包、雜貨……各式各樣有設計感的陳列架，匯集了全韓國服裝店的貨源。明洞的服裝店、江南的時裝潮流店、網路電商品牌店……九成以上都來自東大門批發市場。

東大門批發市場共有數十個商場，以及超過上萬家的店鋪，每家檔口都有專屬的團隊、設計師和廠房。以東大門為中心點，半徑三到五公里外圍畫圈就是版房跟面料市場。這裡是個廝殺激烈的戰場，除了檔口與檔口間的競爭，還有各大買手與店家老闆搶貨的背水一戰。

二〇一二年時，不懂行話、不熟悉行規的外行人或新手批發客，很可能遇上整晚買不到貨的狀況。因為檔口做生意的人，絕對沒有閒暇時間應付零售客人。而新手一抵達這樣的前戰區，通常是先嘆為觀止，然後興奮地以逛街的心態瞎晃。這些行為對於老練的檔口銷售人員而言，很快就能一眼識破，直接了當地將人趕走。

首先，批發客就得要有批發客的樣子，通常從打扮上便能一眼看出來。許多人第一次到韓國批貨，想要美美的拍照，常穿著不合適的服裝到戰場，這種一看就知道是生手；T恤配上牛仔褲及球鞋才是標準穿著。付錢時拿皮夾出來的肯定是第一次來，因為批發客都是拿夾鏈袋裝錢。胸前掛上計算機並插著筆，再扛著一個比人大的批發袋，基本上過關。再來就是語言，二〇一二年韓國的服裝業正值高峰期，如果身旁沒有跟著一位韓國當地的翻譯小幫手，除非自己會說韓文，否則檔口一樣把你晾在一旁。

剛開始我就曾經在檔口選好了上萬元台幣的商品，突然一個中國買手出現，拿出一袋目測折合台幣幾十萬的現金放在檔口櫃檯上，並告訴檔口的人這些錢就是要在這間店買完。我瞬間變成隱形人，檔口人員直接跳過我，俐落且迅速地為她揀貨包裝，索性放棄我這種小訂單的客人。

類似的情形是常態，我無數次遇到批發市場上傻在騎樓下的批發客們，因為不知道怎麼買貨，一直被檔口驅趕，或是被別人用現金比下去。加上來韓國的天數有限，因此無法順利完成採買任務。

二〇一二年的韓國批發市場，靠的是跟檔口店員的良好關係與定期往來，否則根本拿不到好貨。有時候我遇到這樣的狀況，會忍不住過去關心一下，告訴他們如何順利買到商品，或是介紹某幾家比較佛心的店家，提醒他們哪個檔口的小姐溫柔又好配合，推薦給他們去買貨。因為我知道來韓國的花費都是辛苦錢，不但要日夜顛倒地買貨，還有來韓國的天數壓力，我實在不忍心看著他們敗興而歸。

幾次下來的無心之舉，竟成了我日後額外收入的其中一項來源。陸續開始有些批發客要我擔任他們的翻譯，在他們每個月來韓國批貨時，跟在旁邊陪他們逛市場，或是充當當地小幫手、追貨員，這樣一個晚上就有十萬至二十萬韓幣（約三千至六千元台幣）的收入。

慢慢的我靠著口耳相傳收到一些案子，要我傳授整套韓國批發市場的流程。那時候很多賣韓國商品的店家，都會另外開授批發教學團，名義上是要帶新手學習批發流程，實質上只是為了降低自己買貨的成本，賺取來回機票錢或住宿費用。往往新手們一趟下來除了花上萬塊的冤枉錢，並沒有真正學會什麼。

相對而言，我提供的是一條龍服務。教客人如何從台灣家門口開始，預約專門且價格低廉的接駁車，一路到韓國批貨的完整批發流程。包含代訂機票及酒店，全部加起來不用兩萬，因此每週幾乎都會有一兩組客人預約。

這樣的收入漸漸讓我減少了自己代購的時間，專心在帶客人批發的工作上。透過帶不同批發老闆的過程，讓我深深明白做服飾這行「現金流」很重要，比的除了買貨的眼光之外，就是看誰的本錢夠厚；也是在這當中，我才發現自己的現金永遠比不上別人的財力。

賺來的錢又去投資買新款，新款賺來的錢再拿去買更新的款。若是遇到預算沒規劃好或庫存計算失誤，通常壓在商品庫存上的資金，都大過於可以自由運用的現金。只要稍微遇到不可抗力因素，就會面臨周轉不靈，甚至倒閉失敗的悲劇。

服裝這行就是一個黑洞，還是一個深不見底的黑洞。外面看的人趨之若鶩，進來的人萬丈深淵。誤以為賣衣服、賣流行、賣時尚是很酷的事，只要出國花錢選購衣服，拍拍美照，享用異國料理就能輕鬆賺錢，一窩蜂沒有任何準備或前提條件就跳進來。時尚的確是一門好生意沒錯，但萬一財力不夠雄厚，不懂市場分析，沒有企劃腦袋及獨到的眼光，或是體力不夠旺盛，這就是一條不歸路。

服裝業的門檻很低水卻很深，你永遠不知道那些看似輕鬆帶貨的賣家們，為了省成本把自己逼得多淋漓盡致。許多單幫客或賣貨的人，寧願一整晚不睡覺，批完貨直接搭早班飛機回國，為的只是省下一晚的住宿費用。他們不會告訴你，做生意的人為了把握有限的時間，盡可能逛完市場上所有新款，儘管已經穿著球鞋了，腳底依然起水泡、破皮、流血，只能貼著一片又一片的OK繃，撐到批完貨；他們不會告訴你，韓國的批貨時間在半夜，有時差問題，需要日夜顛倒地買貨，許多人時常累到蹲在路邊崩潰大哭。大家呈現給消費者的，往往是賞心悅目、精彩華麗的一面。

有多少服裝業的老闆，只賺到了一身的痠痛與生理失調，以及堆在倉庫裡上百萬元的現貨庫存。陪著那麼多組客人走過一遍的我，清楚明白這行有多麼狼狽又虛偽。我賺的錢要留下來，不該這樣無止盡地操作，我希望自己的未來能有更好的選擇，遠離這樣的黑洞。

櫻花開了

春生、夏長、秋收、冬藏。春天是萬物的起始，也是充滿希望與生命力的季節。每年的三月底到四月初是賞花的季節，山茱萸、鬱金香、櫻花隨著氣溫高低，一路由南釜山到北仁川不約而同地綻放。

在韓國緊湊地度過嚴寒又充滿挑戰的冬天，經過了大半年的磨練，讓我在韓國不尋常的日子裡尋找日常的感受。與同學一行人完成了三級的課程，突然興起一起去練練手氣，報考韓文檢定的念頭。雖然我們尚未上完生活基本對話課程，但最主要目的，是去感受韓國在地考生的考試流程與氛圍。

通往建國大學考場的山坡上，左右兩側開滿了櫻花，幾個來自不同國家的同學們都被櫻花綻放的美景所吸引，循著一束束溫暖的陽光奔向櫻花海中，踩著軟軟的花瓣。春風徐徐吹過，櫻花樹上的花瓣紛紛飄落，下起了櫻花雨，夾帶著淡淡的香氣撲鼻而來。粉嫩中帶點淺白的色彩，不濃不淡，不疾不徐，看似溫柔淡雅卻又帶著幾分嬌氣。放眼望去盡是高大的櫻花樹，像極了棉花糖，蓬鬆又柔軟。我們徜徉在花海中，心情瞬間燦爛。

在考場外的涼亭區，大家圍坐在圓桌上突然感嘆了起來，聊著未來的方向與人生目標，是個令人雀躍又徬徨的時刻。充滿各種不確定因素的未來，讓我們已經開始捨不得韓國的美景與四季分明的氣候。

許多人總是對陌生人無限包容，對自己人卻刻薄嚴厲。一路上打擊我的永遠都是自己的血親，或曾以為親近的朋友。在我最需要有人伸出援手的時刻，期待的那些人往往讓我挫敗；反而出現許多萍水相逢的過客，給了我及時的幫助與鼓勵！人生有時候不會那麼公平，有些人出生就充滿各種愛的包圍與保護；有些人卻不得不選擇鋪滿荊棘的道路，才能殺出一條屬於自己的康莊大道。

永遠不要輕易評論一個人的人生，因為你沒有走過他走的路，就不可能真正感同身受。相對的，不要過於在乎任何人對自己的評價，因為我們才是自己人生的主角。戲要怎麼演，自己說的算！

在離婚後又經歷腫瘤的日子裡，種種的現實打擊與挑戰讓我深刻體悟到，只要是依靠他人才能擁有的東西，全都是虛無縹緲的，世界上只有自己可以成為自己真正的依靠。人生的道路上，肯定會遇到許多批評與挫折，那都是鍛鍊心理素質最好的養分。打擊與批評越重越多，代表人生的養分越厚越猛；櫻花孤寂了三個季節，在其他時節黯淡，醜得如同一棵枯木，但養精蓄銳的在春天綻放，開出最溫柔美麗的花朵。

「星星發亮，是為了讓每一個人有一天都能找到屬於自己的星星。」——《小王子》。

不管前方的路多暗多難走，只要方向正確，即便是在崎嶇不平的道路上匍匐前進，都比站在原地不動更接近幸福。

「꽃길만 걷자」願你走花路吧！這是我們對彼此的祝福，披荊斬棘的未來在遠方等著我們。一句簡短的話語，道盡了留學生涯中同伴們彼此的惺惺相惜與真心祝福。

花瓣飄落成櫻花步道

歸屬感

自從我到韓國以後，台灣菜市場裡的童裝店少了我的親自坐鎮、流行穿搭建議，以及說得口沫橫飛又栩栩如生的流行小物分享，這些是許多客人買單的原因。一家店裡少了這樣的靈魂人物，導致許多原本的客人漸漸流失，生意每況愈下。但我的媽媽在退休後還願意幫我看著童裝店，其實我已經很感謝了。雖然店裡的生意越來越差，不過仍有幾個主顧客會定期光顧，因此我還是得補新貨。

童裝店目前交由小毓跟我媽媽輪流代班。小毓是位平面設計師，對於客人的喜好和生意成交與否，抱持著非常開放且輕鬆的態度，讓進店的客人自己看，自己逛，想買自然會買。大部分時間小毓都是在店裡邊做我哥哥廣告公司的設計案，邊顧著店裡要結帳的客人。我的媽媽退休以前是國小安親班經營者，做了二十年的教育者，老實的程度根本無法做生意，應該說不知道如何跟客人應對，所以童裝店基本上處於一種自生自滅的狀態運作著。

我每個月要支付台灣的店租、水電費，還有大姆哥雙語幼稚園的學費及生活費，自己在韓國的生活費都已經見底了，還必須扛著台灣的日常開銷。我已面臨捉襟見肘的窘境，連多吃一頓飯都有困難。加上我媽媽每個星期都會催促我提供新品回家，還時常拋下一些話來施壓。

「沒錢就不要讀書，趕快回來自己顧店，沒新貨客人怎麼會上門？」「我根本不會賣，大家來都要找妳。」「店收掉不要做了，再這樣下去根本沒辦法支撐我們。」

我媽媽擔心入不敷出的情況會越來越嚴重，只想盡快將童裝店結束營業，逼我回台灣。雖然我明知道店裡還有許多商品是可以轉換為現金的，但對於不懂服裝銷售技巧的人而言，確實有困難。因為只會介紹新品到貨，無法消化需要技巧才能售出的龐大庫存商品。

當下我沮喪地思索著，為什麼連最後一哩路，也不願意讓我順利走完呢？

但靜下心來理性想想，沒有任何人有義務為自己的夢想買單。當我們期待對方為自己做些什麼，但對方卻無法達成時，就會把關係搞得很僵。雖然埋怨卻也明白現實的無能為力，畢竟一睜開眼處處都要花錢，而身為子女本就不該讓退休的父母再為自己承擔任何金錢壓力。

當別的同學分享她買了一件十萬多台幣的貂皮大衣時，我正為了籌錢而面臨需要中斷學習的狀況。我跟小寶討論後，決定將現在一起住的二樓房租對分，而原本我跟大姆哥住的五樓則轉租出去，把保證金拿回來，這樣或許可以勉強支撐剩下的兩個月。好在我們的租屋地點佳且租金便宜，很快便在一週內找到願意承租的台灣留學生。拿到了近十萬塊的保證金以及合約轉移後，第一件事就是先幫童裝店的客人補新貨，讓我媽媽心急如焚又逼人的情緒可以緩一緩。

我的規畫是停留一年，而我們在韓國的日常生活對話已不成問題，為了達成計畫，我們把最後兩個月的第四級韓文課程退掉，拿回了七成的學費。就算沒錢念書，我也不想提早回台灣面對一成不變的生活。

這兩個月我跟小寶每天都漫無目的地閒晃。一樣每天一餐，一樣天天慢跑，風雨無阻。一開始有保證金跟學費的周轉金，偶爾點外賣解解饞還是勉強過得去，但錢消失的速度遠超乎我們的想像。某天夜裡，我跟小寶討論把回台灣、南京的機票錢留下來，其餘的全部花光！看看我們能怎麼度過在韓國剩下的日子。這是一種豁出去的概念，來的時候梭哈，離開的時候也梭哈。

小寶是固定跟爸爸領生活費的大學生，每個月的金錢其實也就剛好滿足三餐罷了，其餘的娛樂與慾望開銷都非常有限，因此我們有種同病相憐的感覺。

而我帶客人批發教學的案子不是每個月都有，多出來的錢也都拿去買新貨了。我們每天除了東大門就是南大門，在這兩地遊走無法前進，迫於金錢的束縛去不了太遠的地方，也沒本錢可以揮霍。

每個夜裡我們就像困獸之鬥，在這個大家趨之若鶩的韓國首爾，兩個女孩為了省點電費，待在沒開燈的房間，漫無目的地思索著未來。腦袋像當機般無法思考，因為龐大的情緒與對現狀的不甘心，以及未來的不確定，感到無比孤獨而令人快要窒息。

其實我們有很多打工的機會跟選擇，但彼此都不願意走到那一步，我們很害怕就這樣留下來待在韓國了。在無數個夜裡的真心話中內省與覺察，我們都明白在韓國的生活是非常困苦的。雖然首爾是個光鮮亮麗的現代都市，但生活在這裡的百姓們過得既痛苦又掙扎，平常老百姓家裡也就是泡菜跟更多的泡菜，偶爾才能吃吃肉或炸雞。

韓國是政府與企業聯手包裝出來的巨型夢幻泡泡，在冷漠的城市中販賣著熱情，為了吸引觀光客前來消費以增加國家的收入。但當地不友善的企業環境與就業市場，還有一成不變的料理和無窮無盡的超時工作，讓我跟小寶都非常明白這裡的困境。

高額的日常消費與高房價，以及沒有太多選擇的飲食方式，根本不足以讓我們停留。但我們依然眷戀韓國的四季分明，依然憧憬韓國的流行服飾，依然會被陳腔濫調的韓劇推坑韓國美食。不得不承認，這裡真的非常適合當後花園走動，因為韓國讓人保有一種對「美」的堅持與想像，而這股熱情，將是日後支撐我繼續前進的力量。

我們不知道未來要往哪裡，但一致認同韓國不是最後的歸宿。其中很重要的原因是「歸屬感」，我們沒有落地生根的情感，也沒有可以託付的對象支撐。這裡對我們而言就是異國體驗的過渡時期，雖然我們的家鄉有許多一言難盡的矛盾與衝突關係需要面對，但始終是自己熟悉的地方。吵吵鬧鬧的家人與朋友，似乎證明著那才是屬於自己的地方。回家的時間到了！

在我的成長過程中，的確曾經埋怨過母親重男輕女的觀念，但也慢慢理解父母並不完美，他們會擔憂、恐懼、脆弱，甚至是不知所措。自小我的哥哥身體就不好，是比較需要父母耗費心力照顧的小孩。在這趟旅程中，我的內心慢慢沉穩，慢慢理性，慢慢原諒自己也諒解媽媽。明白地意識到人生這段旅程，不需要依靠別人的認同或讚美；跟別人不同的地方或舉動，或許會遭受抨擊與批評，但那可能就是你我發光發熱的光點所在。

故事還在繼續，路還很長，難免有辛酸、煎熬。但人生本就是一場征途，偶然會發現星辰大海的美景。孤獨也好，絕望也沒關係，年輕時承受的歷練，都將是日後的禮物。信念可以帶你去更遠的遠方，一無所有才是最強大的時候。

當你開始行動了，才能發現不同的機會點，有了開始才能慢慢找到答案，讓自己成為一個有故事可以說的人。
大姆哥，媽媽要回家了！

後記

「阿嬤，那不是雨水，是我的眼淚。」大姆哥在機車上哭著說。

通常大姆哥會站立在機車腳踏板處，手握著旁邊的後照鏡。因為身高太矮小，坐在後座他會沒有安全感，怕自己掉下去；但其實主因是這樣才可以毫無障礙地欣賞眼前的街道風景。七月下旬的放學午後，我媽媽一如往常地載著大姆哥到附近的公園遊玩，途中隱約感覺有水拍打在臉上，不禁疑惑地喃喃自語：「今天天氣那麼好，怎麼會下雨呢？」

原來是因為太過思念媽媽，大姆哥已經忍不住，到了眼淚隨時會潰堤的程度。雖然知道媽媽再過不久就會回台灣，但小小孩哪禁得起等待的折磨。

大姆哥一路上淚眼汪汪崩潰地說：「我真的很想麻麻，她到底什麼時候才要回台灣啦？」

即使大姆哥知道這是他跟我之間的約定，學期結束前我是沒辦法回台灣的。但我跟大姆哥視訊通話時，他依舊忍受不住，天天以淚洗面，任性地催促我趕緊回台灣。不過這才是正常三歲小孩的情緒啊！以最直接的情感，表現思念的心情。我除了不斷安撫大姆哥，也只能找話題讓他把專注力轉移到其他有趣的日常分享，一起倒數著我回台灣的日子。

十年後……

「大姆哥，出版社的叔叔、阿姨們希望我問你，當初去韓國留學有什麼感想。」

「哪有什麼感想，妳去哪我就去哪啊！」中二生的回答總是簡短又酷酷的。

「那你最有印象的是哪些片段啊？」我不死心的硬要擠出一些對話。

「很多片段我都要看照片才能回想到一些零碎的記憶。拜託！我那時候才三歲，能記得多少事情啊！玩雪的印象很深刻啦，還有一直生病、吃藥、生病、吃藥。」

「那你會後悔最後三個月提早回台灣嗎？」我試圖引導中二生說出更多感想。

「我不會後悔當初做的選擇，那都是我當時的心情與情感所下的決定。沒有當初的決定就沒有現在的我們，我很滿意我們現在的狀態！就像我那時決定跟妳北上生活接受挑戰一樣，完全不會遲疑或猶豫。讓我再選一次，我還是會選妳當我的媽媽！雖然妳太天馬行空，但當妳的小孩很輕鬆也充滿挑戰，能看見很多不同的東西。重點是，我媽媽很年輕！」最後一句話深得我心。

我跟大姆哥目前定居於台北，留學歸國後，我的志向與抱負如湧泉般傾巢而出。回國前第一件事，就是請我媽媽把童裝店頂讓出去，因為我不想再被一家店綁著無法動彈了。好在童裝店的位置很好，很快就順利頂讓出去了。

我用身上僅存的錢，帶著大姆哥去了日本與泰國體驗異國風情，讓他知道世界很大，我們需要很努力才能看到更多不一樣的世界。先幫母子倆存好滿滿的旅行回憶後，我便瀟灑地告別彰化，隻身北漂前往台北打拚。

我給自己三年的時間，立志在三年內要把大姆哥接到身邊。最後我順利在大姆哥國小三年級時，帶他北上跟我一起生活，如願地達成自己設定的目標。一路走來憑藉著朋友們，以及萍水相逢的陌生人們拔刀相助，加上我跟大姆哥的努力，終於在台北落地生根，買了一套真正屬於我們自己的家。

我目前就職於外商公司，擔任服裝採購商品開發經理，從菜市場小妹到外商採購經理，這又是另個故事了。感謝各位讀者看到這裡，但我不是親子教育家，也不是什麼模範媽媽，面對現在正處於叛逆中二的大姆哥，我們的日常依舊是吵吵鬧鬧，常常鬥來鬥去的，但我們都還在持續學習找平衡點與扮演好各自的角色。

這些故事單純是把我跟大姆哥的日常寫下來，分享給有需要的人參考。希望藉由我們的故事，鼓勵更多單親媽媽或面臨家暴的人，以及想要離婚卻因為經濟條件，或其他各種因素選擇隱忍而躊躇不前的讀者們。當初我淨身出戶，卻也開啟了人生另個篇章。人往往在一無所有的時候，也是最強大的時候，因為已經沒有什麼可以再失去的了。

人生很漫長，很多人追求完美而讓生活很痛苦，但其實人生本來就沒有真正的完美。完美的職業、完美的婚姻、完美的親子關係，這些可能存在於人生中的一小片刻，但絕大部分時間都是在不完美中尋找平衡。

人生就是一場互相角逐鬥爭的旅程，親子關係間的拉扯，伴侶間的折騰與磨合，職場上的爾虞我詐……大家面臨的課題不盡相同，最重要的是面對困難時的心態。相信明天會更好，相信自己有改變的力量，一切才能真正開始變化。

有些人活得很辛苦，他們不願意受人擺布，卻又沒有勇氣追隨自己的意願而活。害怕失去擁有的資源與舒適，總是藉口因為缺乏什麼才阻礙自己的發展，把問題丟給世道，丟給環境，丟給別人，然後怨天尤人地認為人生不公平。從未真正察覺自己迷失的人，其實早已迷失到無可救藥的地步，這種人永遠無法找到自己，自然無法遇見生命的真實。

「生活總是讓我們遍體鱗傷，但到後來，那些受傷的地方一定會變成我們最強壯的地方。」——海明威。

我會繼續用我的生命，分享更多經驗給需要被鼓勵或支持的讀者們。我們下一篇故事見。

弘益大學街拍，大姆哥跳起來想跟我一樣高

大姆哥與我最常在學校操場玩雪

在路上撿到一大串活動丟棄的氣球

梭哈，換一輩子的幸福

作　　者　盧妍菲
發 行 人　林育申
總 編 輯　曾而汶
專案行銷　王玫瑜
文字編輯　杜佩軒
視覺設計　陳玟諭、許舒涵
封面設計　圓圈
出 版 者　台灣遊讀會股份有限公司
地　　址　新北市五股區五權三路二十二號六樓
電　　話　02-2299-9770
E-mail　service.youduworld@gmail.com
官方網站　https://youdutw.com/

初　　版　二〇二二年十一月
定　　價　新台幣380元
ISBN　9789860628173（平裝）

國家圖書館出版品預行編目(CIP)資料

梭哈，換一輩子的幸福 / 盧妍菲著. -- 初版. -- 新北市：台灣遊讀會股份有限公司, 2022.11

面； 公分

ISBN 978-986-06281-7-3（平裝）

1. 心理勵志 2. 親子教養

783.3886　　11101494

YouduWorld

遊讀世界